INNOVACIÓN

Si su arroyo se ha secado,
haga brotar un nuevo manantial

Doctores Bill & Anne Moore

Traducido por
Rogelio Díaz-Díaz

Publicado originalmente en Inglés bajo el título
Innovation por Harrison House,
Tulsa, Oklahoma

La mayoría de las citas bíblicas fueron tomadas de la versión *Reina-Valera Revisada 1960*, de las Sociedades Bíblicas Unidas.

A otras versiones utilizadas se les identifica inmediatamente después del texto, así: TEV-*Good News Translation in Today's English Version;* MSG– *The Message,* paráfrasis en inglés; *NVI– Nueva Versión Internacional,* de la Sociedad Bíblica Internacional, *DHH–Dios Habla Hoy, Nuevo Testamento en Versión Popular,* de las Sociedades Bíblicas Unidas.

21 20 19 18   10 9 8 7 6 5 4 3 2 1

Innovación
ISBN: 978-1-68031-205-8
Copyright © 2018 by Bill Moore

Published by Harrison House Publishers
Tulsa, OK 74145
www.harrisonhouse.com

Printed in the United States of America. All rights reserved. No portion of this book may be reproduced, stored in a retrieval system, or transmitted in any form or by any means—electronic, mechanical, photocopy, recording, scanning, or other—except for brief quotations in critical reviews or articles, without the prior written permission of the Publisher.

Tabla de contenido

Introducción

Capítulo Uno: Diseñados para ser creativos 1

Capítulo Dos: Si su arroyo se ha secado, haga brotar un nuevo manantial 9

Capítulo Tres: Un enfoque no convencional 17

Capítulo Cuatro: La escena del crimen 27

Capítulo Cinco: Dos árboles 39

Capítulo Seis: El Sistema de justicia de Dios 47

Capítulo Siete: El gobierno de Dios 53

Capítulo Ocho: Cavemos Estanques 65

Capítulo Nueve: Visiones y sueños 75

Capítulo Diez: Visiones y sueños – Segunda parte 85

Capítulo Once: Visión colectiva 93

Capítulo Doce: A quienes me odian y menosprecian 103

Capítulo Trece: Una obra en proceso 111

Capítulo Catorce: Responder a mis críticos 117

Capítulo Quince: Cielos abiertos 129

Capítulo Dieciséis: Favor para el momento 141

Capítulo Diecisiete: El favor es el que nos eleva 149

Capítulo Dieciocho: La honra atrae el favor 157

Introducción

Muchas personas en el mundo se encuentran en una difícil situación. Con la inminente amenaza del colapso de la economía mundial, el gobierno de dictadores dementes, y las armas químicas y nucleares, el mundo entero lucha por tener un futuro esperanzador. La innovación es la respuesta de Dios a nuestra crisis. La innovación revela lo que no vemos; nos ayuda a ver lo que es muy claro para la divinidad pero muy vago para la humanidad. La innovación nos da el elemento ganador; ella es la conexión perdida que hace una inmensa diferencia en nuestro resultado final.

Dios siempre ha preparado una vía de escape para su pueblo: una prisión para José, un equipo de colaboradores para Moisés, una trompeta para Josué, una quijada para Sansón, una mujer viuda con su hijo para Elías, un campo de cebada para Rut, el almuerzo de un muchacho para los discípulos, la barca de Pedro para el sermón de Jesús.

La innovación es un cambio en el proceso de las ideas; la útil aplicación de nuevos inventos o descubrimientos para hacer las cosas. Puede ser un creciente de emergencia o cambios radicales y revolucionarios en la forma de pensar, en productos, procesos u organizaciones. Los innovadores renuevan; constantemente se reinventan en sus organizaciones porque lo que ayer era lo máximo y lo último, hoy es aburrido y anticuado. Se ha dicho que todo cuanto necesitamos está en nuestras manos. Dios utiliza las cosas que ya tenemos para crear el futuro que queremos. Hay milagros de creatividad y milagros de conversión. Piense en los milagros que Jesús hizo cuando anduvo sobre la tierra. Realizó milagros de creatividad y conversión que le produjeron gloria y cumplieron su propósito en la tierra, utilizando cosas comunes que ya estaban en nuestras vidas pecaminosas.

Cuando se necesitó dinero, Cristo señaló la moneda en la boca del pez. Nos estaba mostrando así que debemos mantener un espíritu innovador. Un asno en la calle –que sirvió de cabalgadura para Jesús en Jerusalén– y un carnero en la espesura del monte –para ser sacrificado en reemplazo de Isaac– señalan a un Dios que nos invita a vivir en su dimensión creativa.

Alguien dijo una vez que si todo lo que usted tiene es un martillo, todo lo demás parece que fuera un clavo. En este libro descubrirá que hay una cantidad de herramientas que Dios ha puesto en su caja de herramientas. Él lo ha ubicado a usted en un mundo de potencial y posibilidades. "El Creador vive en mí para poner en marcha su plan y su propósito a través de mi vida. Todavía me falta ver lo mejor". Permítale a Dios inspirar sueños grandes en su corazón; sueños que son más grandes que todo lo que usted se ha atrevido a imaginar alguna vez. Como lo dijo Erwin McMannis: "Dios nos habla en sueños, para que podamos darle vida a nuestros sueños".

Capítulo Uno

Diseñados para ser creativos

Albert Einstein dijo una vez: "El mundo que hemos creado es resultado de nuestros pensamientos. No se puede cambiar sin cambiar nuestra forma de pensar". Cuando niño Einstein chocaba con las autoridades escolares y quizás eso fue lo que lo llevó a escribir que el espíritu del aprendizaje y la creatividad suelen perderse en la estricta memorización y en la perspectiva de la enseñanza. Posteriormente continuó desafiando la sabiduría convencional y, al hacerlo, redefinió muchas de las sagradas teorías científicas que habían sido por largo tiempo aceptadas. Sus grandes logros intelectuales y su originalidad han convertido el nombre de Einstein en sinónimo de genialidad.

Quiero comenzar este primer capítulo con algo de combustible fresco para pensadores creativos. Me encantaría que usted empezara cada día con esta declaración de fe: "El Creador está hoy en mí y está abriendo los ojos de mi entendimiento, dándome discernimiento para saber cuál es su plan y propósito para mi vida". Innovar es crear un mejor o más eficaz producto, proceso o servicio, mediante la creatividad optimizada. La Biblia nos lleva a entender que es la voluntad de Dios optimizar la creatividad en nuestras vidas. Efesios 1: 19 DHH, dice: "Y cuán grande y sin límites es su poder, el cual actúa en nosotros los creyentes. Este poder es el mismo que Dios mostró con tanta fuerza y potencia".

INNOVACIÓN

Dios quiere darnos una revelación diaria de lo mucho que nos ha conferido. Existe tremendo poder y gracia disponible para cada uno de nosotros; solamente necesitamos hacer retiros diarios de su divina creatividad. La Palabra de Dios dice en Nehemías 9: 20: "Y enviaste tu buen Espíritu para enseñarles, y no retiraste tu maná de su boca, y agua les diste para su sed". Tal como lo ha hecho desde el principio, Dios provee para cada necesidad de sus hijos.

Es fácil ver la correlación entre el liderazgo de Dios en nuestras vidas y la provisión que él ha hecho para ellas. Muchas personas buscan la mano de Dios sin buscar su corazón. La clave para vivir una vida llena de la inspiración del Todopoderoso, con su divina creatividad e innovación, es buscar primero su corazón. Él ha dicho en la Biblia que nos da su buen Espíritu para instruirnos, y porque lo hace en nuestro interior estamos en capacidad de retener sus bendiciones, el maná y la provisión de agua, como dice la Escritura, para saciar nuestra sed. El Espíritu lo llevará a usted a un lugar de grandes bendiciones. A medida que aprende a escuchar, a confiar y a depender de él, el Espíritu Santo que habita en su interior lo guiará a un lugar de gran oportunidad e innovación en esta vida.

Qué diferencia la que puede hacer un día. Una mañana estaba yo escuchando las noticias sobre los devastadores tornados que habían azotado el área de Tuscaloosa en el estado de Alabama. En un momento, mientras escuchaba las noticias, mi teléfono sonó y empecé a mensajes de alerta de varios ministerios grandes detallando los esfuerzos que ya estaban en marcha para enviar alimentos, ropa y las provisiones necesarias para las víctimas de estos terribles tornados. Mientras me levantaba pensé: *Señor, desearía que mi ministerio pudiera hacer una diferencia como lo*

Capítulo Uno

hacen estos grandes ministerios. Señor, quiero hacer un impacto en esas familias y esas vidas en el área de Tuscaloosa. Yo musitaba al Señor estos pensamientos provocados por los mensajes de otros mencionando sus esfuerzos y capacidad de hacer algo respecto a esta horrible tragedia.

Mientras me dirigía a la iglesia esa mañana a eso de las 9:30, sonó mi teléfono. La primera llamada que entró ese día fue del director del Departamento de Parques y Recreación de nuestra ciudad. Me dijo: "Pastor, el Señor ha puesto en mi corazón que enviemos provisiones a Alabama. ¿Hay algo que yo pueda hacer?" En más o menos cinco minutos habíamos conseguido un tráiler grande y este hermano se ofreció como voluntario para llevarlo al centro comercial y establecer un sitio de recolección. Al medio día ya estábamos recibiendo cosas para la gente damnificada de Alabama. En verdad el Señor escuchó mi petición; quizás él mismo puso ese deseo en mí y, como dice la Biblia, envió su buen Espíritu para instruirme. El Señor proveyó el maná, el agua y la bendición como resultado de nuestro deseo de servir a otros.

Pues bien, pensé que el haber conseguido el tráiler y que la recolección de elementos estuviera en proceso era algo grande, pero Dios siempre hace las cosas de manera mucho más abundante de lo que pedimos o entendemos. Lo que empieza en un momento de pensamiento innovador, puede terminar transformando divinamente su vida entera. Nuestra iglesia había estado orando por una manera de comprometernos en un ministerio callejero de mayor alcance. Esa tarde, como a la 1:30, un hombre se apareció en la iglesia, y dijo: "Pastor, quiero ayudar a servir al Señor repartiendo tratados y volantes. Quiero alcanzar a la gente de nuestra área para que acudan a Cristo". Oré con él e inmediatamente empezó a expandir el ministerio de la Iglesia

INNOVACIÓN

Living Way. Como una hora después de haber tenido la reunión con este hombre, alguien de una de las estaciones de radio más grandes de nuestra área llamó y dijo que querían asociarse con nuestra iglesia para dar 3.000 bolsas como parte de la campaña de Regreso a la Escuela durante ese otoño. Dios había hecho otra conexión divina, ¡pero todavía no había terminado!

Yo seguía pensando que todo lo que había sucedido ese día era increíble, así mismo la innovadora capacidad de Dios para extender su reino. Desde el hombre que me contactó por el deseo de recolectar provisiones para las víctimas del tornado de Alabama, pasando por el hermano que quiso trabajar en el ministerio callejero, hasta la estación de radio que llamó y decidió asociarse con nosotros para alcanzar a niños y niñas con el programa de Regreso a la Escuela, Dios nos dio tantos regalos grandes ese día. No mucho después estaba orando en otra actividad de la comunidad a la cual fui invitado. Esa noche Dios me puso en contacto con un cuarto individuo cuyo ministerio con las personas sin hogar está ahora proveyendo alimento a 150 individuos cada domingo por la mañana. De nuevo fui testigo de una divina conexión. ¡Qué diferencia la que puede hacer un día!

A veces Dios usa los deseos que ha plantado en nuestro interior para innovar. El Salmo 37: 4 dice: "Deléitate asimismo en el Señor, y él te concederá las peticiones de tu corazón". Dios puede inspirar deseos divinos en nuestro corazón para llevarnos a una situación de progreso y bendición que nunca hemos visto ni experimentado en nuestra vida. El pastor Rick Warren dice que fuimos diseñados por Dios para ser creativos. Que está en nuestro ADN, en nuestro espíritu el que seamos creativos. El Creador vive en nosotros. Aquel que creó los cielos y la tierra y fijó las estrellas ardientes en sus órbitas, el que concibió todo lo que podemos ver y todo lo que conocemos, ese mismo Dios vive en nuestro interior. Qué asombroso e increíble poder el que tendríamos si aprendiéramos a aplicar lo que dice Efesios 1: 19, si solamente comprendiéramos "cuán grande y sin límites es su poder, el cual actúa en nosotros los creyentes, el mismo que Dios mostró con tanta fuerza y potencia".

Yo creo que el poder creativo de Dios está obrando en usted hoy en la medida en que le cree y pone en acción su fe para satisfacer las necesidades de su vida. Creo que obra en usted de manera poderosa y que le da una revelación de ese supereminente poder que ha puesto a su disposición. Pero me conmueve ver hoy a tantos hijos e hijas de Dios perdiendo su tiempo y oportunidades y pasando por alto lo que Dios quiere hacer en ellos y a través de ellos en el tiempo oportuno.

Miremos en el Antiguo Testamento, 1 de Reyes capítulo 17. Al leer esta historia vemos al profeta Elías en medio de una transición personal. Tiene que tomar una decisión: permanecer al borde de un arroyo seco recordando los manantiales de ayer, o meterse en la ola siguiente que tan desesperadamente necesita si es que ha de sobrevivir. Elías entendió su necesidad de moverse con Dios y de experimentar una transición; reconoció los tiempos o épocas de bendición en su vida. Podemos definir a una época como un momento en el tiempo. Una época no es "todo el tiempo". Muchas veces, cuando el arroyo se seca, los hijos de Dios no son lo suficientemente perspicaces para discernir que un cierto tiempo o época de bendición o provisión ha terminado. Jamás desea Dios que a sus hijos les falte provisión ni que carezcan de dirección pues él las provee continuamente. El factor clave es aprender a percibir la dirección divina. Tenemos la necesidad de aprender a hacer brotar un caudal cuando no lo hay, respondiendo a su buen Espíritu que está dentro de nosotros. Eso es vivir en el terreno de la innovación.

Considere este relato en 1 Reyes 17: 2-6: "Y vino a él palabra del Señor, diciendo: Apártate de aquí, y vuélvete al oriente, y escóndete en el arroyo de Querit, que está frente al Jordán. Beberás del arroyo; y yo he mandado a los cuervos que te den allí de comer. Y él fue e hizo conforme a la palabra del Señor; pues se fue y vivió junto al arroyo de Querit, que está frente al Jordán. Y los cuervos le traían pan y carne por la mañana, y pan y carne por la tarde; y bebía del arroyo".

Tenemos que entender que nuestra respuesta al Señor debe estar en constante desarrollo. Nuestra capacidad de responder y de discernir entre un tiempo que está en su apogeo y uno que está cambiando es clave para permanecer en prosperidad y bendecidos, para estar en el lugar correcto y en la actitud adecuada ya sea en el ministerio, en los negocios, en las finanzas o en la familia. Discernir el momento es un factor clave. Es fácil sentirnos cómodos en cierto tiempo cuando tenemos provisión de todo; cuando tarde y mañana usted ve la mano de Dios sustentándolo de manera sobrenatural. Pero debemos estar atentos a lo que Dios está haciendo no solamente en este momento, sino también en nuestro futuro porque Dios quiere darnos una visión del futuro.

El relato de Elías continúa en 1 Reyes 17: 7-9: "Pasados algunos días, se secó el arroyo porque no había llovido sobre la tierra. Vino luego a él palabra del Señor, diciendo: Levántate, vete a Sarepta de Sidón, y mora allí; he aquí yo he dado orden allí a una mujer viuda que te sustente".

Note las palabras del Señor en los versículos 8 y 9: "Vino luego a él palabra del Señor, diciendo: Levántate, vete a Sarepta de Sidón, y mora allí; he aquí yo he dado orden allí a una mujer viuda que te sustente".

Elías tuvo que actuar antes de recibir la provisión. Muchos hijos de Dios quieren ver la provisión antes de entrar en acción. Pero la palabra dada a Elías fue levántate, y vé; te estoy llevando a un lugar nuevo. Eso es innovación, eso es creatividad. Dios le estaba diciendo a Elías: "Te estoy llevando a un lugar que nunca antes habías visto, pero si confías en mí en ese lugar, verás mi mano y verás provisión. Una nueva etapa se estaba desarrollando en la vida del profeta y su éxito en ella dependía de que escuchara a Dios y recibiera ese Espíritu de innovación.

Dios quiere abrirle una nueva puerta. Quiere bendecirlo de una manera nueva. Abrir nuevas vías y nuevos manantiales en la vida suya para poner en acción en usted el Espíritu de innovación. Nuestro Dios es innovador y quiere que usted también lo sea.

INNOVACIÓN

Capítulo Dos

Si su arroyo se ha secado, haga brotar un nuevo manantial

Primero de Reyes 17: dice: "Pasados algunos días, se secó el arroyo…" El tiempo tiene cierta manera de secar arroyos. En mi vida he descubierto que Dios permite que un arroyo se seque para hacerme doblar mis rodillas, para hacer que lo busque con mayor diligencia, para hacer que ore con mayor fervor porque el justo por la fe vivirá. Dios exige de nosotros que confiemos en él sin importar las situaciones, las circunstancias o los tiempos por los cuales tengamos que pasar. Si el arroyo en su vida se secó, entonces es tiempo de buscar al Señor con diligencia.

Cuando su arroyo se haya secado, hay tres componentes clave para hacer brotar un nuevo manantial que rebose con entusiasmo y provisión. Número uno, es necesario tener un enfoque apasionado. Número dos debemos tener una fe que asume riesgos. Número tres debemos adoptar un enfoque no convencional.

Estadísticas recientes nos muestran que las personas que llegan a la edad de 100 años son capaces de manejar bien los cambios que ocurren en su vida. Las personas que disfrutan la longevidad son capaces de responder a los cambios y vueltas que la vida les cruza en su camino. Hemos visto que este tipo de cosas ha ocurrido en la industria del entretenimiento en individuos como Robert Downey Jr., cuya carrera estaba casi acabada pero que mediante crecimiento y determinación personal se recuperó y se reinventó a sí mismo. Y vemos el mismo principio en operación en grandes personajes del entretenimiento como Tina Turner. En sus años postreros ella es todavía relevante y prospera en su carrera porque aprendió la manera de reinventarse y de permanecer actual.

La palabra del Señor vino a Elías diciéndole "levántate y vé". Era tiempo de que él fuera más allá de las instrucciones de ayer y se mudara a un área nueva. La innovación edifica el puente que supera la brecha entre el pasado y el futuro que Dios ha prometido. La innovación es el camino, es la manera que Dios tiene para llevarnos de aquí a allá.

En Génesis 28: 15 Dios le dijo a Jacob: "No te dejaré hasta que haya hecho lo que te he dicho". Dios ha hecho promesas respecto a nuestro futuro y estará con nosotros hasta que ellas se hayan cumplido. José se dio cuenta que el pueblo de Dios no viviría en Egipto para siempre, sino que un día poseería la tierra que le fue prometida a Abraham. Por eso hizo que los Israelitas prometieran que llevarían sus huesos cuando salieran de allí (Génesis 50: 24-25). Esa es una revelación de la fidelidad de Dios. José sabía que Dios cumpliría lo que había prometido.

¿Qué le ha conferido Dios a usted? ¿Qué le ha dicho respecto a su vida? ¿Qué don le ha dado? Muchas veces la gente se desespera porque las cosas no ocurren en el tiempo que desean. Pero Dios nos dice: "Estoy contigo porque he invertido en ti y tengo intereses en tu vida. Me aseguraré de que los planes que tengo para tu vida se cumplan totalmente mientras estás en esta tierra".

Al viajar por la vida empezamos en cierta dirección pero eventualmente necesitamos una dosis de innovación para maniobrar a través de los lugares y los cambios difíciles que ella nos presenta.

Dios ha prometido proveernos el espíritu innovador que tan desesperadamente necesitamos. 2 Pedro 1: 2-4, declara: "Gracia y paz os sean multiplicadas en el conocimiento de Dios y de nuestro Señor Jesús. Como todas las cosas que pertenecen a la vida y a la piedad nos han sido dadas por su divino poder, mediante el conocimiento de aquel que nos llamó por su gloria y excelencia, por medio de las cuales nos ha dado preciosas y grandísimas promesas, para que por ellas llegaseis a ser participantes de la naturaleza divina, habiendo huido de la corrupción que hay en el mundo a causa de la concupiscencia".

Se nos ha dado grandes y preciosas promesas. Dios está de nuestro lado. Él está con usted aún en los lugares y situaciones difíciles para cumplir las promesas que le ha hecho. Estas preciosas promesas nos hacen partícipes de la naturaleza de Dios, es decir, que tomemos porciones de la naturaleza divina las cuales nos capacitan para escapar de la corrupción que hay en el mundo. Podemos evitar muchas faltas en la vida mediante la sabiduría que Dios nos ha dado. Eso es el espíritu de innovación. El Espíritu creativo de Dios obrando en nosotros nos puede guiar para esquivar los escollos de la vida.

En el libro de Daniel capítulo 1 versículo 20 la Palabra del Señor nos dice que Daniel y sus tres compañeros hebreos eran diez veces más sabios que todos los demás en la tierra. Hay ejemplos reales del espíritu de innovación en acción. Este espíritu de innovación que ellos poseían hizo que evitaran comer la comida y la bebida del rey, lo que los mantuvo saludables y con claridad mental. En 2 de Pedro 1:2-4 Dios nos ha prometido que él hará lo mismo por nosotros. Él declara que escaparemos a la corrupción que hay en el mundo y evitaremos las fallas en la medida en que recordemos, creamos y actuemos de acuerdo con sus promesas y su Palabra. Su Palabra es nuestra guía. Ella nos da la capacidad de cambiar y de hacer los ajustes para no quedar atrapados en un tiempo de sequía. No es necesario que nos quedemos estancados a orillas de un río seco si podemos hacer la transición escuchando la Palabra del Señor que nos dice: "Te he provisto otro lugar que te sustentará".

El espíritu de innovación nos pedirá que entremos en movimiento y actuemos, y respondamos. Quizás eso implique un cambio de lugar o de la manera en que hacemos las cosas. Es importante notar que en el texto original griego, las palabras "momento" y "movimiento" son sinónimos. Qué apropiado es eso. Es tan importante que cada uno de nosotros comprenda el momento en que estamos viviendo y saber cómo actuar y cómo innovar en él de tal modo que podamos seguir avanzando y no nos quedemos estancados en un tiempo de sequía. Nos movemos en la dirección correcta cuando concebimos en nuestro corazón lo que Dios ha prometido.

Considere este pasaje de Éxodo 14: 3-16: "Y Moisés dijo al pueblo: No temáis; estad firmes, y ved la salvación que el Señor hará hoy con vosotros; porque los egipcios que hoy habéis visto, nunca más para siempre los veréis. El Señor peleará por vosotros, y vosotros estaréis tranquilos. Entonces el Señor dijo a Moisés: ¿Por qué clamas a mí? Dí a los hijos de Israel que marchen. Y tú alza tu vara, y extiende tu mano sobre el mar, y divídelo, y entren los hijos de Israel por en medio del mar, en seco".

Note que había una instrucción relacionada con la bendición. Dios dijo a Moisés: "Ustedes han orado. Ahora es tiempo de actuar. Dejen ya de orar y pónganse en movimiento. Extiende tu vara". Y muchos que están leyendo este libro están en un tiempo de sequía. Sequía en la relación con sus amigos, con su familia y en su carrera. Parece que no hay ningún avance. Muchos han experimentado sequía en su economía durante los últimos años. Pero Dios tiene una palabra para usted que le proveerá la necesaria innovación en su vida para llevarlo a un nivel de gran bendición. Sus instrucciones son que deje de orar —ya lo ha hecho por largo tiempo— póngase ahora en movimiento y extienda su vara.

Note también que Dios le indicó a Moisés que adoptara un enfoque no convencional. ¿Qué bien práctico esperaría usted que produjera el que un hombre extendiera una vara en dirección al mar? ¿Podría esa acción mover el mar? Pero es que a través de Moisés Dios estaba innovando para liberar a su pueblo. Eso es lo que Dios hace por nosotros también. Él actúa y a través de nuestra innovación produce transformación y liberación en nuestra vida. Si usted no conoce el resto de la historia, permítame contarle que el pueblo hebreo siguió las instrucciones del Señor y él los pasó a través del mar. Y tal como les prometió ellos no volvieron a ver a sus enemigos cuando actuaron conforme a sus instrucciones.

Creo que las lecciones que se derivan de esta historia de los hijos de Israel son cruciales para quien lea hoy este libro. Quizás en este momento usted esté enfrentando enemigos tales como dolor, remordimiento, temor, enfermedad, enemigos en el hogar y en el trabajo, los cuales luchan en contra de lo que Dios lo ha llamado a hacer para su reino. Pero él quiere que sepa que si es guiado por su Espíritu de creatividad, él hará que sus enemigos desaparezcan. Traerá oportunidades a su puerta y le ayudará a superar los obstáculos. Él hará eso por usted. Igual que en el caso de los hijos de Israel, la obra de innovación de Dios en su vida y su obediente respuesta a él, abrirá el mar ante usted.

Regresemos a la historia de Elías que encontramos en 1 Reyes capítulo 17.

Cuando vimos al profeta por última vez, pasaba por un período de transición. El arroyo se había secado. Su primer medio de bendición había desaparecido, pero Dios todavía seguía siendo su máxima fuente de provisión. Dios, quien es *El Shadai* y *Jehová Jiré*, no lo había abandonado. Elías solamente necesitaba mirar a Dios para ser bendecido. Debía ubicarse en el ámbito correcto. Necesitaba posicionarse para poder ser bendecido por el Señor. Solamente en su obediencia podía encontrarlo el favor de Dios.

Retomemos la historia de Elías en 1 Reyes 17: 10-15:

"Entonces él se levantó y se fue a Sarepta. Y cuando llegó a la puerta de la ciudad, he aquí una mujer viuda que estaba allí recogiendo leña; y él la llamó, y le dijo: Te ruego que me traigas un poco de agua en un vaso para que beba. Y yendo ella para traérsela él la volvió a llamar y le dijo: Te ruego que me traigas también un bocado de pan en tu mano. Y ella respondió: Vive el Señor tu Dios que no tengo pan cocido; solamente un puñado de harina tengo en la tinaja, y un poco de aceite en una vasija; y ahora recogía dos leños, para entrar y prepararlo para mí y para mi hijo, para que lo comamos, y nos dejemos morir. Elías le dijo: No tengas temor; vé, haz como has dicho; pero hazme a mí primero una pequeña torta cocida debajo de la ceniza, y tráemela; y después harás para ti y para tu hijo. Porque el Señor, Dios de Israel ha dicho así: La harina de la tinaja no escaseará, ni el aceite de la vasija disminuirá, hasta el día en que el Señor haga llover sobre la faz de la tierra. Entonces ella fue e hizo como le dijo Elías; y comió él, y ella, y su casa, muchos días".

Capítulo Dos

No pase por alto el mensaje del versículo 15: la mujer fue e hizo conforme a las instrucciones recibidas a través del profeta. La necesidad de esta querida mujer recibió la solución mediante su obediencia. En ocasiones, cuando Dios nos ofrece la oportunidad de dar, de devolverle algo a él dando a nuestra iglesia local, a un ministerio o a alguna causa valiosa, fallamos en verlo a él en el asunto. Pero nuestro acto de obediencia al sembrar una semilla es parte del proceso innovador de Dios para llevarnos a una esfera de una mayor bendición. Cuando Dios actúa innovadoramente, nos lleva a un nivel más alto, y es el deseo del Señor llevarlo a un más alto nivel de favor. Su deseo es llevarlo a una tierra que fluye leche y miel, pero allí sólo puede llegar mediante la obediencia.

Note que Elías le dio instrucciones específicas a la viuda. Dios hará lo mismo con nosotros y es importante que las obedezcamos. Elías le dijo a la mujer que hiciera una torta y le llevara a él primero, y que luego hiciera para ella y para su hijo. Le presentó una solución no convencional para el problema que enfrentaban ella y su hijo y por cuanto estuvo dispuesta a actuar en fe y a obedecer la Palabra del Señor dada a través de su siervo, por esa palabra, lo que ella creía iba a ser su último día, se convirtió en el mejor de su vida.

Escuché una vez una historia de una pareja a la cual le encantaba hacer caminatas por el campo. En una ocasión que salieron a caminar por las montañas de California, cruzaron por un campo lleno de hongos. Como les encantaban los hongos recolectaron todos los que más pudieron y los llevaron a su casa. Esa noche invitaron a algunos amigos y prepararon una gran cantidad de platos diferentes que incluían hongos. Cuando terminaron la cena quedaron algunos sobrantes de comida, entonces le dieron a su gata algo de esas sobras y se dedicaron luego a charlar y disfrutar de la compañía mutua. En un momento de la noche miraron y vieron que la gata estaba en un rincón echando espuma por la boca en medio de convulsiones. Entonces se dieron cuenta que algo muy malo le pasaba al animalito de modo que llamaron al veterinario y éste les dijo que estaba seguro que lo que ellos habían comido no eran hongos comestibles sino una variedad de hongos venenosos. "Es muy importante —les dijo— que vayan al hospital y les limpien sus estómagos de inmediato".

Siguiendo esas instrucciones, la pareja y sus amigos fueron al hospital y evacuaron lo que habían comido. Qué terrible problema. Cuando finalmente regresaron a la casa esperaban encontrar a su gatita muerta, pero en vez de eso descubrieron que ésta había dado a luz una camada de gatitos. Habían interpretado mal los dolores de parto como los dolores de la muerte.

¿Y cuántas veces hemos cometido nosotros el mismo error actuando con apresuramiento y mal interpretando las instrucciones que recibimos de Dios? El mensaje de Dios para nosotros es claro: sólo necesitamos escuchar con atención y obedecer. Tenemos que escuchar al Señor con cuidado teniendo en cuenta que una palabra suya puede reinventar nuestras vidas e innovar una liberación, y convertir una vez más un arroyo seco en un rebosante manantial.

Capítulo Tres

Un enfoque no convencional

Como creyentes en Cristo necesitamos depender y confiar en la voz e instrucción del Señor. Tal como lo hizo con Elías, la instrucción de Dios nos guía a un nuevo lugar de mayor abundancia. En 1 Reyes 17: 8, la palabra del Señor vino a Elías, diciendo: "Levántate, y vé". Y cada uno de nosotros ha tenido o tendrá espiritualmente un momento de "levantarse e ir". Cuando a usted le llega un momento de "levántate y vé", verá que Dios le revela la plenitud de su prosperidad y el plan divino para su vida. La innovación es el puente entre el pasado y el futuro que Dios ha prometido; es el camino que lo lleva a usted del lugar de necesidad en donde vive, a la tierra de abundancia que Dios tiene preparada para cada uno de sus hijos e hijas.

En Génesis 28: 15 Dios le dijo a Jacob: "Estaré contigo hasta que mi promesa se cumpla" (paráfrasis del autor). Tenemos que saber que Dios está obrando para cumplir lo que ha prometido, no solamente cuando estamos despiertos, sino también cuando dormimos. La Palabra de Dios está obrando poderosamente a nuestro favor día y noche. El Señor tiene un destino para nuestra vida y ese destino se encuentra en las promesas de las Sagradas Escrituras, la Palabra de Dios, y al paso que escudriñamos las Escrituras encontramos la vida y el destino que Dios tiene para nosotros. Y permanecerá con nosotros en la medida en que permanezcamos en su Palabra porque él se ha comprometido a hacer que su Palabra se cumpla en nuestra vida.

INNOVACIÓN

Recuerdo que cuando nuestro hijo Cristóbal era mucho más joven le encantaba construir cosas. A sus seis o siete años de edad le gustaba coger un martillo, unos cuantos clavos y una tabla y hacer cualquier cosa que pudiera. Él siempre intentaba construir algo. Había un constructor tratando de surgir en él. Y aunque ahora que es adulto no trabaja en construcción, todavía tiene un espíritu innovador. Es innovador en su enfoque de la adoración y en el trabajo con su estudio de grabación. Y creo que no importa cuál sea nuestra vocación en la vida, hay un constructor en cada persona. La creatividad de Dios reside en todos nosotros y debemos aprender a canalizarla para edificar el destino que él ha planeado para nuestras vidas. Si ponemos en acción su creatividad, él mantendrá su promesa y le dará su respaldo hasta que se cumpla.

El libro *Relentless* [Implacable], de John Bevere, me estimuló a profundizar en las palabras de Juan 1:16. Este versículo dice que todos hemos recibido de la plenitud de Jesús, "gracia sobre gracia". Un experto en el idioma griego explicaba que lo que tal pasaje dice es que hemos recibido la más rica abundancia de su gracia. En otras palabras, no hay un nivel mayor que este de la gracia divina. Para ser creativos e innovadores y vivir vidas plenas y ricas en bendiciones y favor de Dios, tenemos que depender de esta rica abundancia de gracia que está dentro de cada creyente.

Pero todo comienza creyendo. Muchos hijos e hijas de Dios no logran lo que él ha planeado para ellos porque no pueden llegar a creer la enormidad del poder y el potencial que yace en su interior. La Biblia declara que tenemos un superabundante potencial dentro de nosotros. Que hemos recibido superabundantes promesas y que tenemos que poner en acción la fe en la gracia de Dios, en el depósito de su gracia que hay en nuestro interior, porque al hacerlo entrará en acción la capacidad sobrenatural que el Señor nos ha dado.

Se ha dicho que la gracia de Dios es el agua, y el canal conductor es la fe. Cuando ocurre una interrupción en el fluido no podemos culpar a Dios. Tenemos que tratar con el conductor que es nuestra fe. Tenemos que asegurarnos de conservar la fe, mantenerla activada y mantener siempre la actitud correcta para mantener la continuidad del flujo. Si mantenemos la actitud adecuada con toda seguridad podremos activar nuestra fe la cual pone en acción el poder de la gracia de Dios en nosotros y a través de nosotros.

Para ayudarnos a entender lo que hemos recibido, John Bevere nos da en su libro un ejemplo más o menos de este tenor: Suponga que usted se acerca a un estudiante de primer año de arquitectura en una universidad y le dice, "ahora tenemos medios científicos, nuevos y específicos mediante los cuales podemos impartirle a usted la plena capacidad que tenía Frank Lloyd Wright". [*] ¿Cuál cree que sería la respuesta de este joven estudiante? Estoy casi seguro que exclamaría: "¡Grandioso! Anóteme en la lista". Y una vez que la capacidad de Wright le hubiera sido impartida, ¿qué haría el estudiante? No perdería tiempo. Saldría de la universidad y por supuesto empezaría su propia y gratificante carrera.

[*] Prominente arquitecto y diseñador estadounidense.

Permítame darle otro ejemplo para concluir con este punto. Suponga que yo me acerco a un empresario y le digo: "Tenemos un nuevo medio científico que puede darnos la plena capacidad empresarial de Bill Gates". ¿Qué piensa que respondería tal hombre? Exclamaría: ¡Lo quiero tener! Hagámoslo ya". ¿Y qué cree que haría el hombre tras recibir la habilidad de Bill Gates?

Comenzaría a diseñar nuevos productos y a hacer negocios e inversiones en los que no había pensado antes. La gracia no nos ha dado la capacidad de Frank Lloyd Wright ni de Bill Gates. Eso sería muy poca cosa. La gracia de Dios nos ha dado la plenitud de Jesucristo. ¿Comprende lo que eso significa? Esa capacidad. Ese poder. ¿Y qué vamos a hacer con ellos? Como el estudiante o el empresario del ejemplo, ¿correremos a poner en acción lo que hemos recibido?

Quiero que reflexionemos en lo que dice 2 Pedro 1: 3: "Todas las cosas que pertenecen a la vida y a la piedad nos han sido dadas por su divino poder, mediante el conocimiento de aquel que nos llamó por su gloria y excelencia".

Cuando miramos este pasaje bíblico vemos que se nos ha dado todo lo que necesitamos para vivir una vida piadosa. Todo lo tenemos por esta divina impartición de gracia sobre nosotros. Tenemos la capacidad de ser guiados, de ser creativos, de guardarnos del engaño, de ver lo que otros que no conocen a Dios no pueden ver porque lo que hemos recibido es precioso. Es algo que no es común para el ser humano.

Sigamos mirando 2 Pedro 1: 4 "Por medio de las cuales nos ha dado preciosas y grandísimas promesas, para que por ellas llegaseis a ser participantes de la naturaleza divina, habiendo huido de la corrupción que hay en el mundo a causa de la concupiscencia".

Note el énfasis en la excelencia. La palabra "excelencia" transmite la idea de "ir más alto y más allá". Y cada seguidor de Cristo tiene la capacidad de ir más alto y más allá. La razón por la cual Dios nos ha dado esta capacidad se expresa en este mismo versículo. A medida que hacemos nuestra la excelencia de Dios en nosotros estamos en capacidad de escapar de la concupiscencia o corrupción causada por los deseos humanos. La naturaleza de Dios reside en cada hijo suyo capacitándolo para escapar de la concupiscencia que nos destruye.

Ponga su fe en acción, crea que la naturaleza divina de Dios habita en usted hoy, y actúe de acuerdo con esa realidad. Actúe como un hijo de Dios. Reciba la divina creatividad de Dios en usted hoy. Sabemos que Dios respaldará sus promesas hasta que ellas se cumplan en su vida. Él le dará la sabiduría, el conocimiento y la comprensión que usted necesita para ver el cumplimiento de esas promesas.

El otro día estaba yo investigando un poco un hecho histórico interesante. Parece que los métodos de construcción cuando se edificaban las pirámides egipcias cambiaron a través del tiempo. A medida que los diseñadores descubrieron maneras nuevas y más estables de edificar las estructuras, aplicaron lo que habían aprendido. Las primeras pirámides lucían como bancas gigantes y se luchaba para ubicar los materiales en su sitio en los niveles más altos, pero con el tiempo los diseños se desarrollaron hasta llegar a ser lo que comúnmente conocemos hoy como la Gran Pirámide de Giza. Los diseñadores aplicaron lo que aprendieron para hacer las estructuras más estables, grandes y fáciles de construir.

Para mí resulta intrigante que aun durante la construcción de las pirámides se haya descubierto y empleado una manera más aceptable de construcción. Los egipcios no se casaron con los viejos conceptos de construcción. Aun en los días antiguos los hombres estaban dispuestos a cambiar las técnicas para lograr un resultado final más ventajoso. Si hemos de prosperar en la vida es importante que aprendamos a esquivar las minas antipersonales con los que ella nos confronta, evitando los escollos y haciendo buenas elecciones en las intersecciones de la vida. Necesitamos estar preparados para aceptar los cambios que ocurren en la vida porque esa es la clave de un crecimiento continuo. Eso es precisamente la vida: crecimiento.

Nuestra meta mayor debe ser seguir creciendo en Cristo. Debemos continuar creciendo en conocimiento, en creatividad y en todas las formas posibles para poner en acción el potencial de Dios que está en nosotros. Nos movemos en la dirección correcta a medida que oímos la voz de Dios que nos instruye y dirige, y concebimos en nuestro corazón las cosas que él ha prometido. Quizás no tengamos éxito de inmediato porque toma tiempo aprender a discernir la voz de Dios y a adherirnos a lo que él dice, pero si somos persistentes y consistentes en nuestro espíritu, con el tiempo la innovación será nuestra realidad y la creatividad de Dios crecerá progresivamente en nosotros.

El primer maestro de arte de Teodoro consideró su trabajo como demasiado parecido a tiras cómicas, así que éste se retiró de su clase de arte pero siguió dibujando. Veintinueve editoriales se negaron a publicar sus trabajos, pero la editorial número treinta reconoció su genialidad y Theodore Seuss Geisel se convirtió en el Dr. Seuss. Ocurrieron veintinueve rechazos antes de que la puerta se abriera finalmente para el Dr. Seuss. ¡Gracias a Dios él fue persistente! Y usted también tiene que continuar con persistencia. Cuando su espíritu innovador sea rechazado, no puede darse por vencido. Dios puede ayudarle a cambiar de dirección, a hacer el giro de tal forma que lo que hay en usted se convierta en realidad.

De Howard Shultz se rieron en su cara cuando expresó su sencilla idea de un café italiano expreso y fue rechazado por 217 inversionistas hasta que finalmente alguien creyó en él, y sabemos que la del fundador de la cadena de cafeterías Starbucks fue una idea bastante productiva. Moisés, Elías y David, cuyas historias de innovación encontramos en la Biblia, enfrentaron fuerte oposición mientras realizaban lo que Dios había puesto en sus corazones. ¿Por qué hemos de pensar que nosotros vamos a ser la excepción al poner en marcha la innovación que Dios nos da? Tenemos que acompañar la innovación con determinación para que ella produzca fruto en nuestra vida.

En Colosenses 1: 9 el apóstol Pablo dice refiriéndose a los creyentes de Colosas: "Por lo cual también nosotros, desde el día que lo oímos, no cesamos de orar por vosotros, y de pedir que seáis llenos del conocimiento de su voluntad en toda sabiduría e inteligencia espiritual". Para asimilar realmente la cualidad innovadora que Dios ha puesto en el interior de cada uno de nosotros, debemos tener un conocimiento completo de la voluntad de Dios.

Si lo intentamos, quizás podamos comprender o percibir quince o veinte por ciento de lo que Dios está diciendo realmente y lo que está haciendo. Pero la mayoría de nosotros falla en captar la plenitud de su conocimiento. Creo que el apóstol Pablo no hubiera orado de esa manera si fuera imposible lograr la sabiduría y un completo conocimiento y comprensión de la voluntad de Dios. Dios está dispuesto a proveerle un conocimiento completo de su voluntad y a darle sabiduría y entendimiento espiritual con tan sólo que usted se la pida y que luego actúe de acuerdo con ella. Básicamente así es como fluye la innovación en usted, a medida que implementa las cosas que Dios le ha dicho que haga. Le aseguro que esta forma de vida es vivir fuera del molde; que es un enfoque de la vida, no convencional y fuera de lo común.

En Éxodo 14: 13-14 vemos cuál fue el mensaje de Dios para Moisés y el pueblo de Israel cuando se vieron frente al Mar Rojo, y con el Faraón y su ejército tras ellos, "No temáis; estad firmes, y ved la salvación que el Señor hará hoy con vosotros; porque los egipcios que hoy habéis visto, nunca más para siempre los veréis".

Moisés llegó al pueblo con una palabra del Señor. El hombre o la mujer que tiene una palabra del Señor, siempre tiene la ventaja. Si usted ha recibido una palabra de Dios tiene discernimiento, el Señor le ha dado un conocimiento completo de su voluntad en esa situación, lo que lo pone en ventaja. No hay duda de que los Israelitas querían oír una palabra de Moisés, pero lo que si dudo es que "estad firmes" (o quietos) haya sido esa palabra que esperaban. Ellos no se encontraban en un momento o en una actitud de estar quietos. Pero las instrucciones de Dios a menudo son poco convencionales. La instrucción del Señor no es convencional, y para comprometernos con ella tenemos que desconectar nuestro cerebro y vaciar nuestra mente de la razón, la lógica y el entendimiento humano para acoger o adoptar lo que Dios dice. En pocas palabras, debemos andar por fe.

No hay duda que los Israelitas querían correr. O luchar. O esconderse. Cualquier otra cosa menos quedarse quietos, pero Dios no había terminado de hablar. Note sus mensaje en los versículos 15 y 16: Entonces el Señor dijo a Moisés: ¿Por qué clamas a mí? Dí a los hijos de Israel que marchen. Y tú alza tu vara, y extiende tu mano sobre el mar, y divídelo, y entren los hijos de Israel por en medio del mar, en seco".

El mensaje fue permanecer quietos hasta nueva orden. Hasta que el mensaje cambió y entonces fue: "¡Marchen!" La oportunidad espera a quien se mueve, a la persona que actúa de acuerdo con la instrucción que ha recibido. Innovación es el resultado de oír y luego implementar lo que Dios le ha dicho a su corazón que haga.

Capítulo Tres

Realmente la fe es acción. Ahora bien, es obvio que Dios no está en contra de la oración. Hay un tiempo para estar quietos pero también hay un momento en que hay que llevar las cosas al siguiente nivel. Después de haber orado, es tiempo de moverse. Santiago nos dice que la fe sin su acción correspondiente no tiene vida. No tiene energía, está muerta (Santiago 2: 26). Como solían decir los antiguos: Póngale pies a su fe. Cuando oiga la voz de Dios es tiempo de dejar de orar y ponerse en movimiento. Extienda su vara.

Había una instrucción adjunta para la liberación de los Israelitas. De igual manera hay instrucciones adjuntas para su prosperidad, para mejorar su vida, para que la bendición llegue a su negocio, a su hogar y a su familia. Y si podemos oírlas y estamos dispuestos a obedecerlas, podemos activar estas bendiciones. Entonces es cuando el poder de Dios comienza a moverse: cuando escuchamos y obedecemos. Piense en el ejemplo de los Israelitas. Dios les dijo que se movieran, y ellos lo hicieron. Luego, cuando los carros de Faraón los persiguieron hasta llegar al Mar Rojo, sus ruedas comenzaron a zafarse y los egipcios empezaron a darse cuenta que estaban en contra de Dios. No estaban luchando contra Moisés o contra los hijos de Israel. Lo hacían contra Dios el Todopoderoso y él estaba descomponiendo las ruedas de su ataque. ¡Bendito el Señor! Y eso es lo que Dios hará por usted. Cuando escuche sus instrucciones y las obedezca, y se mueva y actúe en concordancia con sus promesas, él zafará las ruedas de los carros de sus enemigos, él frustrará su ataque.

Dios está de su lado por causa de su promesa. Cuando él innova, él eleva. Así como él levantó a los hijos de Israel de la esclavitud a un nuevo nivel, y los posicionó para su próxima palabra de instrucción, hará lo mismo por usted. Él posicionó

INNOVACIÓN

a los Israelitas para avanzar y poseer la tierra que les había prometido. Los elevó mediante el espíritu innovador que le dio a Moisés. Y él lo elevará a usted también mediante la innovación.

Innovación no es un término secular. No se deriva del mundo en que vivimos sino de la inspiración del Todopoderoso quien vive en cada seguidor de Cristo. Cuando Dios innova él eleva, y muchos de nosotros estamos a punto de ser elevados en nuestros negocios, en nuestra vida familiar, en todas las áreas de la vida.

Capítulo Cuatro

La escena del crimen

El columnista y humorista David Grimes confeccionó una vez una lista de cosas que le gustaría oír pero que tal vez nunca escucharía. La lista del señor Grimes me inspiró, de modo que al final de este capítulo quiero compartir unas cuantas de las cosas que a mí me gustaría oír pero que probablemente jamás oiré. He aquí una que quisiera escuchar de un mecánico automotriz: "Ese repuesto es menos costoso de lo que pensé", o "usted podría conseguir que se lo arreglen por un precio inferior en el taller que queda al final de la calle". Me encantaría llevar mi carro y oírle decir al mecánico: "No era gran cosa. Sólo era un cable suelto. No me debe nada".

Me gustaría oírle decir a un cajero de una tienda: "Las cajas registradoras están descompuestas, así que sumaré sus compras con papel y lápiz", o "haré una pausa una vez que termine con usted". Sería grandioso oírle decir a un representante de servicio: "Lo sentimos. La mercancía que le vendimos estaba defectuosa. La recogeremos en su casa y le llevaremos una nueva, o le reembolsaremos la totalidad del dinero, como usted prefiera". Sería maravilloso que un contratista me diga: "Quien quiera que haya trabajado en esto antes sabía lo que hacía" o "pienso que el estimado que le di estaba un poco alto". Me encantaría que un dentista me diga: "Creo que está usando mucha seda dental", o "no le haré ninguna pregunta hasta que saque los instrumentos de su boca". Puedo seguir soñando que un día voy a oír alguna de estas frases, pero la verdad es que probablemente nunca las oiré.

Hay algunas palabras que me gustaría oír de Dios, pero a diferencia de las frases de los ejemplos anteriores que nunca escucharé, en realidad sí puedo leer estas palabras aquí en la Biblia. Se han cometido ciertas injusticias con los seguidores de Cristo. Cuando alguien sufre una injusticia, clama porque se haga justicia. La gran noticia es que Dios nos ha dado esta increíble gracia, este increíble poder que habita en nosotros. Él nos ha dado una gran capacidad para ser creativos e innovadores en nuestra vida cotidiana para superar las adversidades y evitar los escollos, pero en verdad sólo nos apropiamos de una pequeña porción del potencial que Dios nos ha dado.

En Eclesiastés 10: 5-8, leemos: "Hay un mal que he visto debajo del sol, a manera de error emanado del príncipe: la necedad está colocada en grandes alturas, y los ricos están sentados en lugar bajo. Vi siervos a caballo, y príncipes que andaban como siervos sobre la tierra. El que hiciere hoyo caerá en él; y al que aportillare vallado, le morderá la serpiente".

Este pasaje fue escrito por uno de los hombres más sabio que haya existido: el rey Salomón. En él está haciendo una observación que yo considero profética cuando dice "he visto la insensatez ubicada en gran dignidad y los ricos sentados en lugares bajos. He visto siervos o mendigos cabalgando en caballos reales y príncipes caminando como siervos sobre la tierra" (paráfrasis del autor). Pero la verdad es que el propósito de Dios es que todos sus hijos sean prósperos, exitosos, que vivan el pleno potencial de su don, que realicen todas las cosas que él tuvo en mente al diseñarlos y que completen su tarea antes del final de su vida o de que el Señor Jesús venga otra vez. Y creo que esta observación de Salomón lo confirma.

Piense en esta cita en relación con quienes no son cristianos y también con quienes lo son. Salomón dice que ha visto un mal: los perversos sentados en lugares altos, y quienes siguen a Dios, quienes le sirven, sentados en lugares bajos o andando como siervos o pobres sobre la tierra. Salomón afirma que éste es un gran mal. Yo digo que es un gran crimen. Una gran injusticia. Los hijos de Dios viviendo por debajo de sus privilegios, de su herencia, bajo la riqueza de la gracia de Dios que él nos ha otorgado a cada uno de nosotros. Este es un gran crimen, un mal grande sobre la tierra.

Sigamos considerando el versículo 8: "El que hiciere hoyo caerá en él; y al que aportillare vallado, le morderá la serpiente". Entendemos que en la Biblia la serpiente es Satanás, representa al maligno que pone veneno en su vida, su veneno de derrota y destrucción. Pero la única manera en que puede poner ese veneno es si la cerca está rota. Creo que, de acuerdo con la Palabra de Dios, esa cerca alrededor de los hijos de Dios se fortalece mediante nuestra creencia y nuestra confesión de fe a medida que declaramos lo que la Palabra de Dios dice acerca de nosotros.

En la medida en que nos afirmamos en la promesa de Dios, construimos una cerca alrededor de nuestra familia, de nuestra salud, de nuestros negocios, y en general de nuestra vida personal. Todo lo que nos concierne es cercado por nuestra fe, y la única manera en que se puede romper esa cerca es si de alguna manera el enemigo puede hacer que usted cese de hablar la Palabra de Dios y de estar consciente de su potencial en Cristo.

Debemos entender que existe una realidad en el mundo natural, pero hay una realidad superior que es la espiritual. Los creyentes tienen que seguir esforzándose por la realidad espiritual y no aceptar la realidad natural que no refleja las promesas de Dios y el potencial divino en nosotros. Salomón dice que hacer cualquier cosa inferior –ver a los hijos de Dios viviendo como pobres cuando deberían estar reinando como reyes– es un mal. Usted debe estar hambriento de lo que Dios le ha prometido.

Por años he sido entrenador deportivo y he notado que generalmente el equipo que está más hambriento de triunfo es el que gana. No son los más educados o los más talentosos sino los más deseosos de triunfar los que generalmente llegan a la cima. Es tiempo de que los hijos de Dios anhelen fervientemente la victoria. Es tiempo de que usted deje de tranzarse con lo ordinario y mediocre y empiece a creer en lo mejor, porque eso es lo que Dios le ha prometido.

Quiero traer a la luz algunas áreas específicas en las cuales creo que hemos cometido el pecado de mediocridad. Número uno, hemos establecido límites demasiado estrechos. Muchas personas lo han hecho; han hecho a Dios pequeño. Se han encerrado en su vida y han limitado su influencia. Recuerdo la historia de un viejo granjero que fue a pedir crédito a la tienda. El empleado le preguntó: ¿Se está expandiendo usted o está solamente en su territorio?" "Me estoy expandiendo", –respondió el granjero. Ante esa respuesta el empleado inmediatamente le concedió el crédito. Después de que el granjero salió, otro cliente preguntó: "¿Por qué decidió darle crédito basado solamente en esa respuesta?" "Porque el que se expande siempre está tratando de tomar nuevo territorio, mientras que el que se queda en su terreno apenas está tratando de retener lo que tiene" –contesto el empleado.

Si hemos de establecer límites que complazcan a Dios, tenemos que ser personas con una mentalidad expansiva. En muchos casos hemos permitido que nuestra fe se encoja y se apoque, y que sea nuestro pasado el que nos moldee. Lo importante no es lo que le haya ocurrido sino lo que está ocurriendo en usted que es lo que determina su resultado final.

Es un crimen cuando los hijos de Dios establecen sus límites demasiado estrechos. Dios nos ha redimido por la sangre de Jesucristo. Hemos sido salvados y liberados pero entendemos que la *Sozo*, palabra griega traducida como "salvación" significa mucho más. Es un término tan amplio que incluye o tiene en cuenta el cuerpo, el alma y el espíritu. Él se refiere no solamente al renacimiento del espíritu sino también a la preservación diaria de la vida. No solamente abarca una obra espiritual sino que incluye también la protección de su vida, su familia, e incluye provisión material para cada necesidad suya.

La redención no está completa sin la provisión divina. Dios quiere coronar la vida suya con su provisión. Es una bendición ser próspero. La pobreza es una maldición y Jesús vino para anular esa maldición y para que seamos bendecidos son la prosperidad divina. Él vino para erradicar la pobreza comenzando con la pobreza que existe en el alma humana por causa de la naturaleza pecaminosa que se extiende a todas las áreas de nuestra vida.

Es tiempo de replantear sus límites y dejar que Dios sea grande en su vida. Muchos de los hijos de Dios han experimentado su poder salvador. Son libres interiormente pero exteriormente están atados por deudas, temores, ansiedad y depresión porque no han experimentado la plena provisión de Dios. La redención divina no está completa sin provisión que es la razón por la cual debemos replantear nuestros límites. Debemos estar creciendo en prosperidad y este crecimiento se puede medir.

INNOVACIÓN

Muchos hijos de Dios miran al pasado y se dan cuenta que en el aspecto financiero están hoy igual que hace diez años. Debemos recordar que nuestro Dios multiplicó los panes y los peces. Recordemos que rompió las redes de pescar de Pedro y los otros pescadores con una abundante pesca cuando siguieron las instrucciones del Señor. Jesús dijo: "Remen mar adentro" y cuando los pescadores obedecieron se encontraron en una experiencia innovadora en la cual la bendición rebosó en su vida. Jesús los bendijo porque ellos lo honraron. Cuando honramos la casa de Dios, él honra nuestra casa. Cuando honramos sus negocios, él honra los nuestros.

Las bendiciones brotan de la profundidad. Cuando rompamos nuestros límites mentales y dejemos de limitar a Dios, cuando renunciemos a creer lo que nuestros sentidos nos dicen y empecemos a creerle a Dios, veremos las bendiciones. Los sentidos de Pedro le dijeron que él y sus compañeros habían trabajado toda la noche y no había nada que hacer. Pero Jesús sabe dónde están los peces. Él sabe dónde está su cosecha. Él es mejor que un localizador global o cualquier otro aparato de localización que usted pueda tener porque él es Dios el Creador. El Creador es capaz de encontrar lo que usted necesita para darle una grandiosa cosecha.

Es tiempo de que los hijos de Dios tengan una mentalidad de "barca más grande". Yo le digo que su sueño ha sido demasiado pequeño. Que en algunas maneras ha limitado al Señor. Pero ahora es tiempo de que el enemigo le devuelva las cosas que le fueron robadas. Es su momento de cosechar. Usted tiene que creer y declarar que llegó su momento y que ahora es el tiempo apropiado. No importa lo que Satanás le haya hecho en el pasado, él no puede evitar que avance hacia el futuro que Dios ha planeado para usted. ¡Usted va a necesitar una barca más grande!

Amplíe su visión y expanda su vida. En muchas ocasiones tratamos de adelantarnos a Dios procurando expandir nuestros negocios y ampliar nuestra vida por nuestro propio esfuerzo. Probamos de hacer inversiones que no son necesariamente inspiradas por él y estimuladas por el Espíritu Santo. Y por eso es que fallamos porque nuestra motivación no es la correcta. Pero cuando Dios nos está dirigiendo mediante su increíble Espíritu de innovación y creatividad, siempre tenemos que planear en grande. Sin duda necesitamos una barca más grande porque nuestro Dios es grande.

Dios quiere bendecirnos pero no para que desperdiciemos la bendición en nosotros adquiriendo muchos autos y muchas casas, o un gran yate, o cosas costosas. Él quiere bendecirnos con un propósito. Una vez que ese propósito esté en nuestro corazón y estemos alineados con su voluntad, entonces nada nos podrá detener. Usted es imparable cuando la voluntad de Dios llega a ser su pasión y el anhelo de su corazón.

Considere estas palabras de Isaías 58: 12: "Y los tuyos edificarán las ruinas antiguas; los cimientos de generación y generación levantarás, y serás llamado reparador de portillos, restaurador de calzadas para habitar". Dios está ampliando su mundo, haciéndolo andar por nuevos caminos. Dios es un innovador. Él no está sujeto al tiempo. Él mueve las cosas de acuerdo con su propósito y su plan. Este pasaje de Isaías nos dice que cuando andamos con el favor y la abundancia de Dios, edificaremos los lugares antiguos; seremos influenciadores en la tierra. Levantaremos los cimientos de muchas generaciones que previamente habían sucumbido por causa del pecado, de la avaricia y el orgullo. Dios está buscando un hombre o una mujer que le responda. Cuando la halle usará a ese hombre o a esa mujer para abrir un camino y para restaurar sendas para muchos.

Recuerdo haber oído la historia de Chuck Yeagar, el primer hombre que piloteando un avión rompió la barrera del sonido. Cuando pasaba por las diferentes etapas en su esfuerzo por superar la barrera del sonido, mientras más se acercaba a la velocidad crítica, más se sacudía y traqueaba. El vidrio de los indicadores del panel de instrumentos comenzó a romperse cuando ya estaba cerca a la barrera, y se sintió tentado a abandonar el empeño. Sintió la tentación de desistir de tal trote, pero siguió aumentando la velocidad del avión. Finalmente, cuando superó la barrera del sonido, todo se niveló. El avión dejó de sacudirse; los instrumentos se estabilizaron. Por primera vez experimentó por sí mismo la ley de la superación. La ley de la superación establece que si usted puede soportar, puede lograr una nueva atmósfera. Hay un aire más liviano más allá de esta barrera.

Y así les ocurre a quienes de todo corazón le creen a Dios y andan en su innovación. A veces usted tendrá que soportar los sacudones pero hay una nueva atmósfera justamente más allá de esta barrera. Somos nosotros quienes restauraremos las sendas antiguas, de modo que tenemos que seguir adelante. La restauración causa caos, es costosa y produce cansancio, pero de otro lado Dios quiere usarnos para crear una atmósfera de innovación para las personas que aún no han aprendido a poner en marcha plenamente la voluntad de Dios en su vida.

Una parte de una oración atribuida a Sir Francis Drake, dice: "Inquiétanos, Señor cuando nuestros sueños se hagan realidad por haber soñado cosas demasiado pequeñas; cuando arribemos seguros a puerto, por haber navegado demasiado cerca a la playa".

Dios busca personas que no estén procurando seguridad o una ruta fácil, sino que estén dispuestos a abrir camino con su ayuda y a crear sendas para los que vienen atrás. Personas dispuestas a restaurar puentes, a usar su fe y a hablar la Palabra de Dios sin importar lo que sientan, vean u oigan. Y al hablar la Palabra del Señor construyen una barrera de protección alrededor de su familia, de sus hijos, de la siguiente generación.

Alguien tiene que pararse en la brecha. Alguien tiene que edificar la protección. Y usted puede ser esa persona. No fije sus límites demasiado estrechos. Ensanche el lugar de su habitación. Redefina sus límites e invoque a Dios para que obre en su vida.

Dios quiere que influenciemos nuestro mundo, que liberemos a los que están en esclavitud, que alimentemos a los hambrientos, que promovamos a quienes no tienen educación y bendigamos a los que no tienen hogar. Él quiere que seamos agentes transformadores del mundo.

Hay otro crimen del cual quiero hablar y es el de robarle a Dios la oportunidad de enriquecer nuestra vida con su bendición. Cada vez que nuestra fe es limitada y no le obedecemos con valentía y no actuamos con fe siguiendo al Espíritu de verdad, le robamos a Dios la oportunidad de bendecirnos. La Biblia dice en Malaquías 3:8: "¿Robará el hombre a Dios? Pues vosotros me habéis robado. Y dijisteis: ¿En qué te hemos robado? En vuestros diezmos y ofrendas". Este ejemplo de Malaquías se refiere a la acción de dar, pero la misma premisa es aplicable a cualquier área en la que se espera de nosotros que actuemos en fe. Cuando retrocedemos y desobedecemos a Dios no estamos haciéndole daño a él. No estamos perjudicando a la Iglesia. Le estamos robando a él una oportunidad de bendecir nuestra vida. Como lo dice el versículo 9 del pasaje: "Malditos sois con maldición, porque vosotros, la nación toda, me habéis robado".

Piense en Adán y Eva en el Huerto de Edén. La maldición vino porque ellos confiaron en su propio entendimiento, y en la razón y la lógica propias más que en las palabras que Dios les había hablado. Y por causa de la maldición fueron entonces condenados a vivir por debajo de lo que establecían sus privilegios. Se encontraron viviendo como pobres cuando la intención y el propósito de Dios fue que vivieran como príncipes. Es una maldición conocer su potencial pero no ser capaz de acceder a él. Saber que no importa lo que usted haga no puede llegar a los límites de su vida. Cuando escuche una referencia a "la maldición de la ley" es sencillamente el hecho de que la ley estableció con claridad lo que debíamos hacer. Bajo el sacerdocio levítico del Antiguo Testamento, la gente sabía lo que tenía que hacer para complacer a Dios, pero no tuvieron la fuerza para actuar correctamente. Eso es una maldición.

Gracias a Dios, Cristo vino para romper o anular esa maldición. ¿Y cómo la rompió? Derramando su gracia sobre nosotros y en nosotros. ¡Gloria al Señor! Ahora tenemos la fuerza dentro de nosotros. Ya no somos maldecidos. Tenemos el poder divino y la gracia de Dios para ser bendecidos y prosperar. El poder que nos ha dado es su conocimiento, su sabiduría y su entendimiento. Es su Espíritu de verdad. No le robemos más a Dios las oportunidades de bendecir nuestra vida.

A Cris, el menor de mis hijos, y a mí nos encanta ir a pescar. Un día estábamos hablando con un pescador muy respetado que había pescado durante toda su vida, probablemente 40 años, o más, y nos contó la historia de cómo su bote se quedó encallado una vez en el lodo. En el extremo sur de Texas, donde nosotros vivimos, algunas de las vías fluviales suelen ser muy poco profundas. En tal ocasión, este hombre tuvo una idea ingeniosa o innovadora para salir del problema. Hizo que otro bote viniera y girara en círculos alrededor del suyo, y a medida que el bote de su auxiliador hacía círculo tras círculo, producía olas concéntricas en dirección de su bote encallado. En un momento oportuno mientras el otro bote daba vueltas, el hombre prendió su motor, atrapó una de las olas y salió del encallamiento hacia aguas más profundas.

Los innovadores siempre encuentran un camino. Nunca aceptan que el lodo de la vida los mantenga atrapados. Siempre encuentran maneras de crear el impulso que los eleve. Y también están dispuestos a crear la ola que ayude a los demás. Los innovadores salen ellos y ayudan a los demás a salir de una vida superficial y a entrar en las aguas más profundas de Dios.

INNOVACIÓN

Capítulo Cinco

Dos árboles

Recuerdo una historia que vi en un noticiero acerca de un hombre en el estado de Colorado que salió al campo para un juego de golf. En el camino vio avisos que decían: "Peligro. No se salga de la ruta de los carritos. Hay serpientes cascabel en el bosque". Pues bien, parece que el hombre estaba usando una de esas bolas nuevas y costosas, y en un mal tiro la bola cayó entre los árboles. Él no podía dejar perder esa bola tan cara, de modo que se adentró en el bosque y, sí señor, una serpiente lo mordió allí. No es necesario decir que este fue el fin de su excursión.

Nadie podría culpar al campo de golf por la mordedura que el hombre recibió. Había señales que advertían claramente no desviarse del camino, pero él hizo caso omiso de ellas, se salió de la ruta segura, y fue mordido. Y eso es exactamente lo que nos pasa a nosotros. Cuando nos salimos del camino nos hacemos vulnerables a los ataques de Satanás. Permanecer en el camino significa permanecer en la verdad. Mientras usted permanezca en él Satanás no podrá "morderlo". Las circunstancias no lo detendrán. Sus montañas no serán más grandes que sus oportunidades. Sus adversidades no serán mayores que el propósito y el poder de Dios que está en usted.

Juan 16:13 dice que el Espíritu Santo nos guiará a toda la verdad: "Pero cuando venga el Espíritu de verdad, él os guiará a toda la verdad; porque no hablará por su propia cuenta, sino que hablará todo lo que oyere, y os hará saber todas las cosas que habrán de venir".

El mundo no conoce al Espíritu; no lo reconoce porque no lo está buscando. Cuando usted invoca a Dios diariamente pidiendo su creatividad, desarrolla la habilidad de reconocer su voz. Una cosa que como seguidores de Cristo tenemos es discernimiento; estamos en capacidad de reconocer su voz que nos guía al lugar donde debemos ir.

Esta es una poderosa verdad. El Espíritu de verdad, la esencia misma de la verdad, vive en nosotros y nos guía a la verdad. Usted fácilmente podría cambiar la palabra verdad por "realidad". Cuando el Espíritu de realidad viene en el momento de su nuevo nacimiento, cuando deposita su fe y su confianza en Jesucristo y se convierte en un creyente, él lo guía a todas las realidades espirituales. ¡Aleluya!

Tenemos un Guía en esta vida. ¡Aleluya! No vamos por ella a ciegas, dando tumbos y tropezando. Usted debe superar a los demás en ideas, en creatividad y en cualquier área porque el Espíritu de verdad habita en usted. Así como Daniel y sus compañeros, que vivieron en cautiverio en Babilonia, tenían siete veces más sabiduría, entendimiento y comprensión que los otros por causa de su posición ante Dios, mediante nuestro nuevo nacimiento en Cristo Jesús nosotros tenemos siete veces más acceso a las bendiciones que los demás. El Espíritu de verdad ha venido.

Entienda que no estoy proponiendo una mentalidad escapista. Lejos de mí el proponer tal cosa. Muchas personas quieren señalar a los hombres de Dios que predicamos fe y victoria como escapistas. Dicen que estamos procurando escapar de la realidad, pero ese no es el caso. No abogo por un escape de la realidad. Estoy invitando a los hijos de Dios a acogerse a una realidad superior. ¿Sabe? La palabra griega traducida a menudo como "verdad" también puede ser traducida como "realidad". Abogo por tomar la realidad que enfrentamos cada día y obligarla a ajustarse a la Palabra de Dios la cual tiene la palabra final en nuestra vida. La Palabra de Dios nos conduce por avenidas que nadie más ha pensado siquiera. Digo que debemos someter lo inferior (las ideas del mundo), a lo superior (la sabiduría de Dios). Debemos poner las cosas materiales bajo un orden espiritual, y lo hacemos acogiendo la verdad de Dios. ¿Cuál es la verdad máxima? La máxima verdad es cualquier cosa que Dios diga.

Cuando hablamos de ser innovadores e individuos agudos, en esencia estamos hablando de explorar cosas en las cuales el mundo nunca ha pensado; cosas que las mentes más brillantes del mundo todavía no han concebido. El Espíritu de verdad nos guiará a estas áreas porque Dios es el Alfa y la Omega. Él ya ha estado allí antes, ya lo ha hecho. No solamente eso, sino que él ve el final desde el principio. Él sabe qué producirá los mejores resultados. Debemos ser siempre número uno y tener la ventaja porque la verdad está de nuestro lado.

Como hijos de Dios no debemos contentarnos con luchar a lo largo de la vida porque la maldición que pesaba sobre nosotros fue removida. ¡Bendito el Señor! Recuerde las palabras de Gálatas 3: 13-14: "Cristo nos redimió de la maldición de la ley, hecho por nosotros maldición (porque está escrito: Maldito todo aquel que es colgado en un madero) para que en Cristo Jesús la bendición de Abraham alcanzase a los gentiles, a fin de que por la fe recibiésemos la promesa del Espíritu". Quienes creemos somos herederos de Dios. Tenemos una herencia.

INNOVACIÓN

Alabado sea el Señor. Y por causa de esa herencia nuestra tierra ya no es maldita. Nuestras vidas ya no están limitadas. Vivimos en la esfera de las posibilidades en Jesucristo porque creemos en él.

Es vergonzoso que confiemos más en la razón humana que en la revelación divina. Esto no es algo nuevo. Ha ocurrido desde el mismo principio. Considere estas palabras de Génesis 2: 16-17: "Y mando Jehová Dios al hombre, diciendo: De todo árbol del huerto podrás comer; mas del árbol de la ciencia del bien y del mal no comerás; porque el día que de él comiereis, ciertamente morirás".

Desarrollar un intenso deseo por las cosas correctas y al mismo tiempo desarrollar un rechazo por las cosas incorrectas lo mantendrá a usted andando en victoria durante toda su vida. El deseo intenso por las cosas correctas determina su resultado final. El deseo de Adán y Eva por un "mordisquito" de lo que era incorrecto cambió para siempre la dirección de la humanidad. Un apetito incorrecto alteró el curso de la historia humana.

Creo que esos dos árboles en el Huerto de Edén: el árbol de la ciencia del bien y del mal, y el árbol de la vida, representan algo importante. El primer árbol, el de la ciencia del bien y del mal, representa la lógica y la razón, y el entendimiento humanos. El segundo árbol, el de la vida, representa la sabiduría de Dios, el conocimiento y la revelación divina. Dios quiere que nos alimentemos del árbol correcto. Que tengamos apetito por las cosas correctas. Al levantarnos cada día tenemos dos árboles en nuestro huerto. Podemos confiar y depender del entendimiento, la lógica y la razón humanas, o podemos acoger la vida hablando la Palabra de Dios, declarando su voluntad para nosotros creyendo que Dios hará que triunfemos sobre cada situación y que superemos cada montaña que encontramos en el camino.

Ejercitamos nuestra fe cuando nos deleitamos con el fruto del árbol de la vida. Hacerlo nos deja con una expectativa positiva y con una capacidad ilimitada. Pero cuando participamos del árbol de la ciencia del bien y del mal y dependemos de la razón, la lógica y el entendimiento humanos, terminamos limitando a Dios. Limitamos su capacidad de influenciar nuestra vida. Nuestra decisión hace que vivamos en un mundo pequeño o en un mundo grande. Todo está en directa proporción al tamaño de nuestra fe que se revela en la elección de cuál árbol comemos.

La Biblia nos dice que Adán y Eva comieron del árbol de la lógica, la razón y el entendimiento humanos. ¿Cómo lo sabemos? Piense tan sólo en la terminología que Satanás utilizó cuando le habló a Eva: "¿Conque Dios os ha dicho: No comáis de todo árbol del huerto?" (Génesis 3:1). Eso no es lo que Dios les había dicho. Satanás estaba tratando de hacer que Eva cuestionara la validez de la Palabra de Dios, y eso es lo que hacen el entendimiento, la lógica y la razón. El entendimiento humano lo llevará a la crítica. Le hará dudar de Dios y su plan para la vida suya. "¿En realidad Dios quiso decir eso? ¿Es eso lo que realmente dijo el Señor?" Siempre existe la posibilidad de que un cuestionamiento así se introduzca subrepticiamente en su mente. Tenga siempre en cuenta cuando escuche esa voz que su propósito es hacerlo comer del árbol equivocado. Su decisión en ese instante es crucial. Si usted no cree que la manera en que satisface su hambre afecta directamente su vida, considere estas palabras de Dios en Génesis 3:17: "Por cuanto obedeciste a la voz de tu mujer, y comiste del árbol de que te mandé diciendo:

INNOVACIÓN

No comerás de él; maldita será la tierra por tu causa; con dolor comerás de ella todos los días de tu vida".

Sabemos que en Juan 10:10 Cristo nos prometió vida en abundancia, vida plena y rebosante. Esa es la vida abundante de Dios. Cuando confiamos en la lógica y la sabiduría propias experimentamos exactamente lo opuesto. Cuando confiamos y dependemos de la razón humana y le damos más importancia que a la revelación divina, siempre estaremos luchando y esforzándonos por nuestra subsistencia. Nuestra tierra siempre será maldita. Tendremos fructificación limitada por estar comiendo del árbol equivocado. Libere a Dios de los límites que le ha impuesto. Aliméntese del árbol de vida con la inspiración del conocimiento de Dios y su Palabra.

Todas las cosas del Espíritu Dios las lleva al campo de lo natural. Pero tantas personas enfocan su atención en sus situaciones en el mundo natural y quieren que cambien sus finanzas, su estado físico, su peso, su cónyuge, su empleador. Pero si operamos en el campo sobrenatural, si mantenemos nuestra atención en el reino de Dios, comprenderemos que Dios usa las fuerzas de nuestra fe y las fuerzas de su Palabra. Estas fuerzas se intensifican mediante la oración y la aplicación del conocimiento de Dios en nuestra vida. Dios quiere que tengamos de él un conocimiento vivencial, no intelectual, no algo que leemos en un libro o escuchamos en un sermón. Él desea que poseamos ese conocimiento vivencial para que cuando estemos en situaciones adversas aprendamos a invocar su nombre. Cuando nos encontremos en encrucijadas imposibles, lo invocaremos pidiendo su dirección. Ponga a prueba el poder de Dios en su vida y verá que Dios usará lo invisible para cambiar lo visible.

Capítulo Cinco

Las personas que dependen de su lógica, su razón y su entendimiento para formular soluciones, se desesperan cuando enfrentan situaciones difíciles. Usted no puede acudir a sus sentidos para encontrar respuestas a los problemas espirituales. Lo que usted está enfrentando se originó en el mundo invisible y tendrá que ser resuelto en ese mismo mundo. Nosotros tenemos otra esfera en la cual operamos. Mediante el poder y la dirección de Dios, somos innovadores. Podemos activar la creatividad de Dios. La Biblia dice que tenemos el Espíritu de verdad en nosotros y que operamos en la verdad de Dios.

No acudamos a nuestros sentidos en busca de soluciones. De la Palabra de Diosse deriva toda verdad, así que vaya a ella, escudríñela para que su alma sea iluminada y se active la creatividad de Dios. Y no puede hacerlo recitando una frívola oración, o asistiendo a la iglesia ocasionalmente. Tiene que ser un lector voraz de la Biblia, alguien que tiene hambre de la Palabra de Dios porque ella estimula la creatividad divina. Siempre estará limitado en la esfera de su influencia si la verdad no está morando y obrando en usted.

INNOVACIÓN

Capítulo Seis

El Sistema de justicia de Dios

Previamente leímos un pasaje bíblico de Malaquías 3 que habla de la maldición. La maldición que viene por causa de falta de fe y desobediencia nos hace vivir por debajo de los privilegios y maldiciones que Dios ha preparado para nosotros. Las palabras de Malaquías nos dejan en claro que cuando no actuamos en fe, dando a Dios nuestros diezmos y ofrendas, le estamos impidiendo abrir las ventanas de los cielos y derramar sobre nosotros oportunidades y bendiciones. A través de esta ventana viene la sabiduría, el conocimiento y el entendimiento: el árbol de vida manifestado en nuestra vida.

Dios nos promete que si le obedecemos nos dará de manera expedita sabiduría, conocimiento y entendimiento. Esa es la forma en que derrama sus bendiciones sobre nosotros, logrando una comprensión de qué es lo que quiere que hagamos, dónde quiere que vayamos, y cómo quiere que invirtamos. La revelación del conocimiento de Dios es el vehículo que nos trae sus bendiciones. Lo que abre las ventanas de la bendición es nuestra obediencia; vivir de tal manera que honremos a Dios. Sin el Señor, su mano y su voz en nosotros, no tenemos nada, somos impotentes.

En Malaquías 3: 11 Dios dice estas palabras: "Reprenderé también por vosotros al devorador, y no os destruirá el fruto de la tierra, ni vuestra vid en el campo será estéril, dice el Señor de los ejércitos". Dios quiere que su negocio prospere. Que prospere su familia. Que cada esfuerzo suyo muestre el fruto de la bendición divina. Él no permitirá que el fruto de su tierra sea destruido por el enemigo. Dios ha dicho que al obedecerle y empezar a ser empoderados con su conocimiento, él reprenderá por nosotros al devorador. Todo lo que anula la creatividad, la energía y la vitalidad de nuestro espíritu, lo que procura nublar nuestra visión, él lo reprenderá por nosotros.

Bendito sea Dios que Malaquías 3: 11 garantiza que tendremos un debido tiempo cuando dice: "…ni vuestra vid en el campo será estéril". Por su gracia Dios permitirá que las cosas crezcan en el tiempo apropiado. No nacerán prematuramente sino en su tiempo y tendrán longevidad por causa de la bendición de Dios sobre usted.

Satanás constantemente procura destruir lo que Dios está edificando en nosotros. Por eso tenemos que aprender a sacudirnos de él. Me encanta la historia del burro viejo que cayó en un pozo o cisterna. El dueño decidió que sacarlo del hoyo implicaba mucho esfuerzo, así que decidió enterrarlo donde había caído. Llamó a otra pareja de granjeros para que le ayudaran y empezó a palear mugre encima del pobre burrito. No sabiendo lo que el granjero estaba tratando de hacerle, cada vez que la basura o mugre caía encima de la cabeza del burro, éste se sacudía y pisaba fuerte el suelo. Los hombres continuaron arrojando mugre y el burro continuó sacudiéndose y pisando fuerte. Finalmente el burro llegó a estar a nivel del terreno y pudo salir de allí porque aprendió a sacudirse lo que otros le arrojaban encima.

Usted tendrá que entender que Satanás le arrojará una gran cantidad de mugre y tratará de enterrar sus sueños, sus esperanzas y su creatividad. Cada día debe decidir sacudirse y pisar fuerte donde está parado recordando quién es usted en Cristo Jesús.

Capítulo Seis

Recuerde que es un príncipe o una princesa, no una persona paupérrima.

Satanás es perverso. Él quiere asegurarse de que usted, como hijo de Dios, no tenga las cosas que por derecho son suyas a través de Jesucristo. Gracias a Dios él nos ha dado el maravilloso agente que es el Espíritu Santo cuya tarea es ejecutar venganza en los enemigos de Dios. Realmente Dios peleará sus batallas por usted.

Como lo dice la exhortación en Romanos 12: 19: "No os venguéis vosotros mismos, amados míos, sino dejad lugar a la ira de Dios, porque escrito está: Mía es la venganza, yo pagaré, dice el Señor".

Qué asombrosa promesa. Qué bueno es saber que Dios se vengará de nuestros enemigos. Debería provocar una nueva actitud y un nuevo sentir en nuestro interior saber que Dios está peleando por nosotros. Martin Luther King Jr., dijo: "La injusticia en cualquier parte es una amenaza a la justicia en todas partes". No permita que el enemigo amenace lo que Dios ya ha declarado como suyo. Usted no tiene por qué sufrir más abuso porque Dios es su vengador. Ya no tiene que ser molestado por el diablo o permitir que el enemigo se aproveche de usted porque Dios está peleando de su lado. Su fe es una fuerza activa que está obrando a su favor.

Abraham y Sara emprendieron una jornada de fe con el propósito de llegar a ser todo lo que Dios tuvo en mente que ellos fueran cuando los creó. Abraham tenía la promesa de parte de Dios de que sería padre de naciones. El único problema era que tanto él como Sara ya estaban en edad avanzada, y hasta este tiempo su esposa era estéril.

En el capítulo 20 de Génesis se nos cuenta que Abraham y Sara viajaron hasta Gerar, y Abimelec, rey de esa tierra notó que Sara era muy hermosa y deseable. Abraham, temiendo por su vida, mintió respecto a Sara y afirmó que era su hermana y no su esposa. El rey Abimelec llevó a Sara a su casa, "Pero Dios vino a Abimelec en sueños de noche, y le dijo: He aquí, muerto eres, a causa de la mujer que has tomado, la cual es casada con marido" (Génesis 20: 3).

Note que Dios le habló al enemigo de Abraham, y él le hablará a sus enemigos también. Les hará soñar en la noche. Usted no tiene que preocuparse en entablar una demanda o en conseguir un prestigioso abogado para que libre sus batallas. Cuando Dios está de su lado él hablará por usted. Él silenciará las bocas de quienes hablan cosas perversas de usted, y hará que su Abimelec tenga un sueño en la noche, se asuste y tema por su vida.

Cuando alguien toca a un ungido o ungida de Dios, en esencia toca lo que Dios está haciendo. Yo creo con todo mi corazón que si usted se mantiene centrado en el propósito de Dios, él no permitirá que alguien toque lo que está haciendo en su vida. El hombre tendrá que quitar sus manos porque Dios hablará por usted. Él se vengará de sus enemigos. Eso le da libertad para amar a sus enemigos y para hacer bien a quienes lo tratan mal. Puede actuar en fe sin que lo distraigan pensamientos o sentimientos de enojo y venganza. Deje que Dios maneje la situación; que lo haga la gracia. Permita que el Espíritu Santo se ocupe hoy de su asunto.

Muchos de ustedes, mis queridos hermanos y hermanas, están a punto de experimentar una victoria importante, de encontrar un punto decisivo en su vida. Su actitud está próxima a cambiar sabiendo que Dios es su ayudador y que el Espíritu Santo tomará venganza de todos los enemigos de Dios.

Capítulo Seis

Al movernos dentro de la innovación de Dios necesitamos este tipo de cambios en nuestra manera de pensar. Cuando nuestro arroyo se seca necesitamos nuevas ideas, nuevas actitudes y una nueva mentalidad para crear o provocar el nacimiento de un nuevo manantial. Tiene que haber un cambio desde el interior porque lo que usted ha estado haciendo no ha producido los resultados deseados. Tiene que cambiar sus hábitos que a la vez cambiarán su futuro.

Considere las palabras de Malaquías 3: 16: "Entonces los que temían al Señor hablaron cada uno a su compañero: y el Señor escuchó y oyó, y fue escrito libro de memoria delante de él para los que temen al Señor, y para los que piensan en su nombre". Cuando dice "los que temían al Señor" quiere decir los que "adoraban a Dios". Abrieron sus corazones a Dios. Dejaron de culpar a Dios y de quejarse y decir: "Es en vano servir a Dios. ¿Qué provecho hemos visto? Estábamos mejor antes de que le sirviéramos". Dejaron de hacer estas cosas y temieron al Señor. Notará que cuando lo hicieron el Señor los escuchó y recordó la alabanza que le estaban dando.

Recuerde que solamente por estar afrontando una adversidad en este momento, usted está avanzando. Hay una nueva atmósfera al otro lado. Su atención tiene que cambiar y pasar de la queja a la adoración. Este versículo en Malaquías nos permite ver que cuando tal cosa ocurre, el Señor se inclina y escucha. Él nos oye. Dios oyó la declaración de los Israelitas y oye la nuestra también. La Biblia nos dice que Dios responde a nuestras declaraciones de fe. ¿No es maravilloso?

Dios había estado consciente antes de su quejumbre, pero en realidad inclinó su oído –y su poder y su gracia– cuando la gente comenzó a declarar su Palabra mientras lo adoraban. El relato bíblico dice que estas personas fueron recordadas, que se escribió "un libro de memoria" delante de Dios porque ellos escogieron adorar en vez de quejarse.

Nuestra adoración tiene más peso que nuestra quejumbre. Ella ejerce mucha más influencia que nuestras quejas. Recrearnos y recordar la bondad de Dios le da intensidad a nuestra vida. Enfocar la atención en las cosas malas que han ocurrido y en los problemas que enfrentamos nos disminuye y agota nuestras energías. Medite en Dios.

Tenemos que recordar que Dios es bueno y quiere restaurar nuestra vida. Él quiere devolvernos las cosas que el enemigo nos ha quitado. Mientras más nos aferremos al dolor, al sufrimiento y a la angustia mental, mayor pérdida de tiempo y oportunidades sufriremos. Es tiempo de que disfrute la recompensa de Dios en su vida.

Cuando usted entiende que Dios está de su lado y que el Espíritu Santo pelea por usted, se mueve a un nivel de confianza totalmente diferente: empieza a descansar en el Señor. Si recuerda la historia de los hijos de Israel cuando fueron encerrados entre el Mar Rojo por un lado, y los egipcios por el otro, el Señor les pidió que se ubicaran en el máximo nivel de fe cuando les dijo que permanecieran quietos. Todo en ellos los impulsaba a hacer algo. Su impulso humano quería acción; hacer que ocurriera alguna cosa. Pero la máxima expresión de fe es descansar. Cuando usted descansa en Dios sabiendo que "la venganza es del Señor" y que él le pagará lo que ha perdido, está a punto de ser libre.

Hebreos 10: 35 dice: "No perdáis, pues, vuestra confianza, que tiene grande galardón". Si usted no pierde la confianza recibe su galardón. Si mantiene la fe, su recompensa es segura.

Capítulo Siete

El gobierno de Dios

Jesucristo es el máximo innovador y a través de su Espíritu de innovación que ha puesto en nuestro interior llevamos todas las cosas bajo la autoridad del gobierno de Dios. Extendemos el gobierno de Dios proclamando su Palabra sobre cada área de nuestra vida, sabiendo que la vida y la muerte están en poder de nuestra lengua (Proverbios 18: 21). La confesión de nuestra boca determina el futuro de nuestra vida.

También se nos ha encomendado establecer el reino de Dios sobre la tierra. Gobernar las cosas en ella bajo el señorío de nuestro Señor Jesús. Note estas palabras de Romanos 5: 17 TEV: "Todos los que reciben la gracia abundante de Dios y son gratuitamente justificados ante él, reinarán en vida a través de Cristo Jesús". Pero antes de que podamos reinar debe ocurrir un cambio en nuestro entendimiento. Debemos llegar a entender lo que Dios dijo acerca de nosotros, y lo que realmente somos. Somos destinados a gobernar en esta vida como reyes y reinas mediante su gracia. Gobernamos mediante Jesucristo. Bajo el señorío del Señor Jesús estamos estableciendo su gobierno. Esa es la gracia que Dios ha derramado en nuestra vida.

Arrancamos el mal donde quiera que lo vemos. En cualquier lugar que el diablo establece una fortaleza, nosotros la echamos abajo. Nos vestimos con la armadura de Dios, tomamos las armas que nos ha dado, y en el mundo espiritual deshacemos todo lo que Satanás está tratando de hacer sobre la tierra. Pero antes de que cualquiera de esas cosas pueda ocurrir, tenemos que experimentar un cambio en nuestro entendimiento.

Hay un pasaje increíble en el libro *Relentless* [Implacable], de John Bevere que menciona esta idea. En su libro John dice: "Así que aventurémonos un poco más en lo que significa reinar en vida por la gracia de Dios. Tenemos que ir más allá de la norma de romper el orden establecido. Significa no ver más la vida como un empleo de ocho horas diarias, de ocho a cinco, mediante el cual cobramos un cheque semanal, quincenal o mensual; luego viene el retiro o jubilación, luego la muerte, y finalmente terminamos en el cielo. Qué visión tan patética de la vida. Definitivamente esa no es la forma en que Dios planeó que viviéramos. Fuimos creados para muchísimo más. Nos convertimos en influenciadores al saber que Dios nos ha llamado a ser cabeza y no cola, a estar arriba y no abajo, de acuerdo con lo que dice Deuteronomio 28: 13.

No solamente tenemos del deber de levantarnos por encima de las circunstancias adversas de la vida, sino también de eclipsar a quienes no tienen un pacto con Dios. Estamos para ser líderes en medio de un mundo en oscuridad. La cabeza señala la dirección, el curso, la tendencia. La cola la sigue. Debemos ser líderes de nuestra sociedad en todos los aspectos, no seguidores".

Entonces, ¿cómo es que ocurre esto en la vida real? Significa que si usted es un maestro en la educación pública, mediante el don de la gracia usted encuentra constantemente maneras nuevas y creativas de comunicarse con sus estudiantes; maneras en las cuales ninguno de los otros educadores había pensado antes. Inspira a sus alumnos de tal modo que otros se maravillan. Sus compañeros maestros no pueden menos que discutir entre ellos y preguntarse: "¿De dónde saca ideas tan extraordinarias?"

Capítulo Siete

Si trabaja en el campo de la medicina usted se aparece con formas nuevas y más eficaces de tratar las enfermedades y las dolencias. Sus compañeros de trabajo se rascan la cabeza, asombrados: "¿De dónde saca esas ideas tan innovadoras?"

Si es un diseñador, por el don de la gracia ofrecerá los diseños nuevos y creativos que otros imitarán. Establecerá los estilos y tendencias imperantes que la sociedad seguirá. Su trabajo se venderá y usted será conocido como alguien que establece las tendencias y que va tan adelante que otros en su campo se preguntarán: "¿De dónde saca sus creativas ideas?".

Si se mueve en el campo de la política, por el don de la gracia usted mostrará sabiduría para cambiar situaciones que otros creían imposibles de rectificar. Marcará la pauta en las tareas legislativas y será elegido y ascenderá rápidamente superando a sus contemporáneos. Su discreción e ingenio hará que los demás se pregunten: "¿De dónde le viene esa sabiduría y todas esas grandiosas ideas?"

Si su trabajo está en el campo de quienes hacen cumplir las leyes, el don de gracia lo capacita para llevar paz donde otros han estado luchando. Así como Jesús supo dónde encontrar el asno en que había de cabalgar, usted sabrá dónde encontrar a los criminales. Reunirá las pruebas necesarias para resolver el caso más rápidamente que cualquier otro detective en su comunidad. Su capacidad y sabiduría serán tan notables que los demás en su campo se preguntarán entre ellos: "¿En dónde obtiene esa sabiduría?"

Mediante el don de la gracia desarrollará como empresario productos y técnicas de ventas así como estrategias avanzadas. Percibirá qué es productivo y qué no. Sabrá cuándo comprar y cuando vender. Y otros empresarios se devanarán los sesos tratando de descubrir por qué es tan exitoso.

Cuando saturamos nuestro ser con la comprensión de que somos hijos de Dios y por lo tanto seres excepcionales es que ocurren estos cambios en nuestra vida. Hace años, en la década del 50 vivió una dama que aunque era ciega le encantaba asistir a los juegos de béisbol. Esto ocurría en tiempos del gran Ted Wiiliams, uno de los más grandes jugadores de todos los tiempos y que ostentaba el promedio más alto de rendimiento. Esta dama decía que aunque era ciega ella podía decir cuando Ted estaba en acción porque toda la atmósfera del estadio cambiaba. Y cuando nosotros adoptamos la correcta manera de pensar en cuanto lo que somos en Cristo, toda la atmósfera que nos rodea cambia también.

Cuando empezamos a darnos cuenta, a ser realmente conscientes de que Dios es nuestro ayudador y que el Espíritu Santo está innovando en nuestro interior, no solamente en cuanto a las cosas espirituales sino en todos los demás aspectos de nuestra vida, habrá un cambio. La innovación de Dios fluirá en nuestros corazones y en nuestras acciones ya seamos diseñadores, políticos, médicos, enfermeras, agentes de seguridad, educadores o empresarios. Ocurre un cambio cuando usted cree que es posible que el Espíritu Santo le ayude y le revele la mente, el corazón y la voluntad de Dios para su vida en particular. Nada lo puede detener cuando Dios está peleando sus batallas.

Recuerde la historia de Moisés y los Israelitas frete al Mar Rojo. Cuando empezaron a avanzar en la dirección que Dios les indicó, las ruedas de los carros de Faraón empezaron a zafarse. Dios empezó también a pelear por ellos. Y así sucede cuando nosotros comenzamos a avanzar, el Espíritu y la creatividad de

Capítulo Siete

Dios está con nosotros. Dios desbaratará el ataque de su enemigo y le dará la victoria. Usted es imparable. Algunos individuos débiles no quieren escuchar un mensaje fuerte. Prefieren quejarse del sistema y de lo mal que los tratan. Pero una vez que usted entiende la poderosa intervención de Dios en su vida, y entiende que él está peleando sus batallas, su actitud cambiará totalmente.

Se dice que Dios es el Dios de las venganzas. Pues las palabras de Hebreos 10: 30 sustentan tal afirmación: "Mía es la venganza, yo daré el pago, dice el Señor. Y otra vez: El Señor juzgará a su pueblo".

Muchas veces pasamos nuestra vida tratando de defender nuestra posición o postura, de defendernos de nuestros críticos que no entienden la fe que profesamos. No comprenden la palabra que Dios nos ha dado. Pero no es necesario que nos defendamos.

Cuando entendemos que Dios es quien retribuye y que él se vengará de todos sus enemigos, podemos amar a la gente. Podemos perdonarla. No tenemos que preocuparnos de cuidarnos la espalda. Sabemos que Dios se ocupa de eso. Que él pelea nuestras batallas, conserva las cuentas y dará el pago. Como lo dice Isaías 33: 22: "Porque el Señor es nuestro juez, el Señor es nuestro legislador, el Señor es nuestro Rey; él mismo nos salvará".

Escuché una vez la historia de una mujer que vivía en el norte. Ella solía permitirles a sus hijos que salieran todos los días a la calle a jugar, pero se dio cuenta que ya no era seguro dejar que lo hicieran. Fue donde su pastor y le dijo: "Pastor, hay unos narcotraficantes que se han mudado a nuestra comunidad y se han tomado la calle desde las cuatro de la tarde hasta las dos de la madrugada. ¿Qué debo hacer?" El pastor le respondió: "Bueno, usted necesita extender el gobierno de Dios. Vaya y unja su calle con aceite. Hágales frente a esos traficantes de drogas".

Y así lo hizo la mujer. Fue y ungió su calle de una punta a la otra y oró mientras la recorría. El día siguiente los traficantes se aparecieron a las cuatro de la tarde como era lo usual, pero hacia las seis, por alguna razón, empezaron a alarmarse. Se subieron rápidamente a sus autos y abandonaron el área y nunca regresaron. Y los chicos pudieron seguir jugando en las calles otra vez. Las calles son seguras porque esta mujer tomó el control de la situación y avanzó el gobierno de Dios en la tierra.

Tenemos que actuar con fe y hacer las cosas que sabemos Dios nos está llamando a hacer. En 2 Crónicas 20, Josafat y el pueblo de Dios estaban rodeados de enemigos. No de un solo enemigo, sino de muchas naciones que se habían juntado contra ellos. Pero el innovador Espíritu de Dios siempre está presto. Sus misericordias son nuevas cada mañana. Sus instrucciones son nuevas cada día y esto fue una realidad para Josafat y su pueblo en este caso. Josafat determinó en su corazón que buscaría al Señor, y así lo hizo. Ayunó y oró, y Dios le dio su dirección. De acuerdo con la innovadora dirección del Señor, envió al campo de batalla primero a directores de canto y adoradores. No a los diestros guerreros sino a los que estaban entrenados en entonar alabanzas. Y la Palabra de Dios dice que mientras iban estos que alababan, Dios envió confusión al campo de sus enemigos y empezaron a destruirse entre ellos mismos. Esa fue la venganza del Señor.

Al confiar en Dios tenemos que actuar de acuerdo con su Palabra y las instrucciones que nos da. Tenemos que rendir y someter nuestros pensamientos, nuestras emociones e inseguridades para ver a Dios actuando en nuestra vida. Si lo hacemos así veremos que el Señor nos bendice abundantemente. En el Salmo 105: 37 dice: "Los sacó (a los hijos de Israel) con plata y oro; y no hubo en sus tribus enfermo".

Dios le dio a Moisés un enfoque innovador para asegurar la liberación de Israel de Egipto. Moisés obedeció la instrucción innovadora de Dios y el Señor se mantuvo como el defensor de Israel asegurando su liberación y sacándolos de allí con grandes riquezas. De igual manera Dios se vengará de sus enemigos, los suyos, y le garantizará mucho favor.

Recordará que después de decirles a los Israelitas que podían salir de Egipto, Faraón y su ejército los persiguieron. Y es que Faraón se dio cuenta de todo lo que había perdido con la partida de Israel. Sin influencia usted no es una amenaza para el reino de Satanás. Pero cuando Dios lo exalta y lo hace influyente, sufre adversidad y ataques en muchas áreas de su vida tales como sus finanzas o su familia. Y eso se debe a que ahora es una amenaza para el enemigo y hace una diferencia mediante su influencia. No se engañe pensando que el ataque es un anuncio de fracaso, una señal de derrota. Entienda que el ataque es una indicación de que el favor de Dios está sobre su vida, y eso le disgusta al enemigo. No ceda, no rinda su confesión y su declaración de fe y confianza. No rinda la promesa que Dios le ha dado.

Usted está ungido o ungida por causa de su linaje. Somos coherederos con Cristo, y Dios siempre respaldará a sus hijos. "Todos los que son guiados por el Espíritu de Dios, éstos son hijos de Dios" (Romanos 8: 14). Vivimos en este planeta como hijos de Dios por lo que podemos confiar que él pelea nuestras batallas. No importa lo que el diablo le arroje no se le puede adherir porque usted está conectado con Cristo.

Santiago 2: 26 dice: "Porque como el cuerpo sin espíritu está muerto, así también la fe sin obras está muerta". No podemos esperar que ocurran cosas buenas si no estamos dispuestos a actuar con fe. No pensemos que todo va cambiar en nuestra vida en un día como por arte de magia sólo porque asistimos a la iglesia o porque alguien oró por nosotros. Debemos determinar en nuestro corazón el dar un paso de fe. Eso demanda valor y obediencia. Se requiere confianza en Dios para dar pasos de fe y creer que su poder nos respaldará.

En Génesis leemos que a Abraham se le dijo que saliera para ir a una tierra que Dios le mostraría. No tenía la menor idea de a dónde iba a ir, pero si no hubiera dado un paso de fe jamás habría visto el cumplimiento de las grandes promesas que el Señor le hizo. La nación de Israel nació literalmente de él, pero eso nunca hubiera ocurrido si él no hubiera dado ese paso, si no se hubiera puesto en camino. Pero porque lo hizo, por todas las edades hemos tenido un ejemplo de lo que la fe puede hacer.

En Marcos 3: 2-5 vemos el relato de Jesús hablando con el hombre que tenía la mano seca. Le dijo: "Extiende tu mano" y cuando lo hizo, su mano le fue restaurada. Su sanidad estuvo ligada a su disposición de extender su mano. Si no lo hubiera hecho su mano hubiera permanecido seca.

En Mateo 21: 1-7, Jesús habló a sus discípulos y les dio instrucciones para encontrar un asno que lo debía transportar por las calles de Jerusalén. De igual manera Dios nos da la capacidad de localizar los milagros que necesitamos. Él nos da las instrucciones para realizar tareas en el mundo material. Cuando seguimos esas instrucciones con fe, se abren puertas de provisión divina y de manifestación sobrenatural. La provisión de Dios está oculta tras una instrucción divina. Usted tiene que ser fiel en las cosas pequeñas y obedecer las instrucciones que el Señor le ha dado respecto a las tareas cotidianas de la vida. Tiene que estar dispuesto a comenzar desde abajo y a abrirse camino. Si quiere ver bendiciones en su vida sea fiel en el trabajo que ahora tiene. Sea agradecido por él y el Señor le dará algo más. Sea obediente porque Dios recompensa a quienes dan pasos de fe.

En Josué capítulo tres se nos cuenta que Israel estaba a orillas del río Jordán necesitando cruzar, pero el río estaba desbordado. La instrucción que Dios le dio a Josué fue que los sacerdotes debían descender por los flancos del río y entrar al gua. Y cuando los pies de los sacerdotes pisaron el agua, éstas empezaron a detenerse en la parte de arriba y las demás fluyeron hacia abajo, y el pueblo pudo cruzar. Los sacerdotes tuvieron que mojarse los pies antes de poder experimentar un milagro de Dios. Y lo mismo ocurre en su caso; tiene que meter sus pies al agua para obtener el milagro de Dios.

En el libro de Ester leemos de una gran liberación del pueblo de Dios. Cuando Mardoqueo se dio cuenta del gran complot de Amán para destruir a los judíos, habló a su sobrina Ester, y le dijo: "Vé y habla con el rey porque está a punto de cometerse una gran injusticia con el pueblo de Dios, tu pueblo, la nación de Israel". Ester no sabía cómo sería recibida. Estaba consciente que aparecer ante el rey sin su permiso podría acarrearle la muerte. Si el rey no le extendía su cetro real, moriría, pero ella dio un paso de fe basada en una palabra de instrucción, y le fue conferido favor. De igual manera usted tiene que dar un paso de fe en procura de su favor.

Note esta historia de Jacob que encontramos en Génesis 30: 37-39, 43: "Tomó luego Jacob varas verdes de álamo, de avellano y de castaño, y descortezó en ellas mondaduras blancas,

INNOVACIÓN

descubriendo así lo blanco de las varas. Y puso las varas que había mondado delante del ganado, en los canales de los abrevaderos del agua donde venían a beber las ovejas, las cuales procreaban cuando venían a beber. Así concebían las ovejas delante de las varas; y parían borregos listados, pintados y salpicados de diversos colores. Y se enriqueció el varón muchísimo, y tuvo muchas ovejas, y siervas y siervos, y camellos y asnos".

Cuando Labán accedió a darle todos los animales que nacían pintados y manchados, Dios le dio a Jacob una forma innovadora para aumentar el número de este tipo de animales. En este asunto Jacob tenía una palabra de Dios. Puso una imagen delante de los animales y cuando venían a beber, concebían teniendo delante esa imagen de manchas y pecas. La imagen era tan fuerte que los animales que daban a luz las hembras la reflejaban. ¿Qué la hacía tan poderosa? El hecho de que reflejaba la innovación de Dios.

En nuestra vida las imágenes que tenemos delante conciben y esa es la imagen que reproducimos. Debemos tener cuidado y asegurarnos de que las imágenes que tenemos delante sean imágenes que Dios ha imprimido en nosotros. Al hacerlo así estamos dando pasos hacia el favor de Dios. No podemos ser pasivos creyendo que Dios lo hará por sí mismo. Él nos da una instrucción innovadora pero nosotros tenemos que dar pasos de fe hacia nuestro sueño y nuestro destino.

La Biblia dice que Jacob aumentó sus bienes en gran manera. ¿Por qué? Porque entendía que Dios estaba de su lado y que la innovación divina estaba obrando a su favor. Dios le dará a usted ideas para dejar atrás a sus colegas. Dios es su defensa. Él se vengará de sus enemigos y lo recompensará a usted. Le recompensará por lo que ha sufrido y por lo que ha perdido. Él le restituirá y le dará de nuevo.

Capítulo Siete

Escuché la historia de un misionero en México que fue secuestrado y mientras lo tenían retenido de repente sus secuestradores se alarmaron. Inmediatamente lo liberaron y se fueron en sus vehículos. Unas semanas después uno de los secuestradores se apareció en la iglesia del misionero y se convirtió. En una ocasión en que el misionero visitaba a su antiguo captor, le preguntó: "¿Por qué me dejaron ir de manera tan repentina?" El hombre respondió: "No sabíamos quién era ese guardia de más de dos metros de alto, vestido de blanco y con una espada enorme que estaba detrás de usted". ¡Ellos habían visto al ángel del Señor! Dios defiende a sus hijos. Dios es el único que ejecuta venganza sobre sus enemigos.

Tenemos ángeles a nuestro servicio. Los recursos de los cielos están a nuestra disposición. Es tiempo de la recompensa. Es tiempo de operar en el ámbito en que Dios nos ha encargado que operemos. Somos reyes y sacerdotes y tenemos una dotación de poder sobrenatural.

INNOVACIÓN

Capítulo Ocho

Cavemos Estanques

El Almirante Joe Fowler sirvió en la Fuerza Naval durante la primera y la segunda guerra mundial. Era un arquitecto naval y durante la Segunda Guerra Mundial tuvo a su cargo la construcción de barcos en la costa occidental. Entre sus muchos logros notables tiene el crédito por haber diseñado dos de los más grandes transportes marítimos de su tiempo: el USS Lexington y el USS Saratoga. Se retiró de la Marina en 1948 a la edad de 54 años. Poco tiempo después Walt Disney lo contactó. Disney tenía el sueño de construir un lujoso conjunto de parques temáticos en California. Pensaba él que dado el éxito del señor Fowler en el diseño de grandes proyectos en el campo militar, tendría también el conocimiento para liderar el diseño y la construcción del parque que quería llamar Disneylandia.

El señor Fowler sintió que podía enfrentar el reto y aceptó el trabajo. Y no solamente dirigió el diseño y la construcción, sino que también dirigió las operaciones del parque durante años después de que Disneylandia abriera sus puertas en 1955. Una década después Disney tuvo un nuevo sueño: construir un parque temático similar en el otro lado de los Estados Unidos, concretamente en la Florida. Quería llamarlo Disneyworld y convenció a su amigo Joe Fowler de que si hiciera cargo del diseño y la construcción de este parque también. El proyecto Florida enfrentó aún mayores retos, no siendo el menor el establecer el parque en medio de miles de acres de terreno pantanoso. Para ese entonces el señor Fowler era un hombre de 71 años. A esa edad la mayoría de las personas toman la vida con calma y no se esfuerzan mucho, pero él dijo sí otra vez. En 1971, año en que Walt Disneyworld se terminó, Fowler tenía 77 años. Entonces podía jubilarse.

Pero cuando Joe Fowler tenía 87 años de edad, su amigo Disney le pidió que le ayudara con el diseño de su nuevo parque temático Epcot, cerca de Disneyworld. Esta vez Disney tuvo que esforzarse mucho para convencerlo. Entonces volaron juntos al sitio del proyecto y allí revisaron planes para esta nueva misión. Nadie había visto antes un parque así, y Disney quiso que su amigo lo construyera. Los ojos de Fowler se iluminaron de entusiasmo y dijo sí otra vez.

Por ese tiempo alguien lo entrevistó y le hizo esta pregunta:

"¿Por qué a sus 87 años usted se hace cargo de tan gigantesco proyecto?"

Su respuesta fue:

"Uno no tiene que morirse antes de tiempo".

Y terminó la construcción del parque temático Epcot con tiempo suficiente. Dejó de crear finalmente en 1993 a la edad de 99 años. En lo que respecta a Joe Fowler, mientras tuviera un propósito y una misión, él no tenía límites. Se hizo famoso por responder a las más estrafalarias demandas de Disney con dos palabras: "¡Puedo hacerlo!"

Ya hemos discutido el hecho de que la innovación produce longevidad. Individuos como Joe Fowler que empiezan una nueva vida a los 50 y no cesan de crear hasta los 90, en realidad viven su vida a plenitud. Crean oportunidades para ellos mismos, nunca se cansan de soñar y siempre están ampliando sus visiones. Son

Capítulo Ocho

los innovadores que no se dan por vencidos. Ellos salen avante en medio de los cambios a los que los enfrenta la vida.

En el Segundo Libro de los Reyes vemos una vía de escape para la nación de Israel. Cuando el rey Acab murió, el rey de Moab se rebeló contra el nuevo rey de Israel, y una vez más los moabitas, los archienemigos de Israel, se levantaron contra ellos. El rey de Israel envió entonces un mensajero a Josafat, rey de Judá, pidiéndole que se uniera a él en esta lucha contra Moab y éste accedió. En el versículo 8 de este capítulo vemos a los dos reyes hablando de posibles rutas y estrategias para la invasión. Buscaban formas innovadoras para la lucha.

Muchos líderes no planean las rutas que han de tomar. Simplemente se atienen a lo rutinario, pero lo que funcionó en el pasado no necesariamente será efectivo en las batallas de hoy. Tenemos que pedir información. La innovación trae instrucciones adjuntas. En vez de revisar lo que ha hecho en el pasado, debe en cambio preguntarle a Dios diariamente: "¿Cuál es la ruta para la invasión?" El rey Josafat pudo haber basado su plan de batalla en la experiencia del pasado, en victorias anteriores, en instrucciones previas que Dios le hubiera dado, pero no lo hizo así. Él se dio cuenta que este era un nuevo día, una nueva batalla, una nueva alianza y que requería nueva información para la invasión.

Al continuar el relato vemos en el versículo 9 que se prepararon para encontrar a los moabitas y luego vagaron durante siete días hasta que el agua se les agotó. En este momento el rey Josafat preguntó: "¿No hay aquí profeta del Señor para que consultemos al Señor por medio de él? (versículo 11). Como puede ver, ellos fueron tan lejos como pudieron siguiendo su propio criterio. Pero entendieron que necesitaban una dosis de la sabiduría, el conocimiento y el entendimiento de Dios. La razón y el intelecto humano sólo nos llevan hasta cierta distancia. Tenemos que echar mano de la revelación de Dios para nuestra vida.

Los reyes enviaron y encontraron al profeta Eliseo. Después de oír la petición, Eliseo le respondió al rey de Israel: Si no tuviese respeto por la presencia de Josafat, rey de Judá, no te mirara a ti, ni te viera" (2 Reyes 3: 14). Al rey de Israel se le concedió el beneficio de los servicios de Eliseo porque estaba acompañado por el rey de Judá. Y a nosotros también a menudo nos llegan grandes oportunidades por causa de nuestras relaciones. Dios utiliza personas para ayudarnos a encontrar los senderos correctos. Los innovadores se esfuerzan por escuchar conceptos e ideas nuevas y creativas. Siempre se sientan en primera fila. Siempre toman notas. Los innovadores siempre reciben información. Se mantienen dispuestos a aprender, a que les enseñen, y por eso Dios continúa ampliando su mente lo cual propicia victoria.

La respuesta a su necesidad o problema muchas veces se encuentra en sus relaciones claves. Rut encontró un aliado en Booz; David lo halló en Jonatán; Pablo, en Bernabé, y Moisés lo encontró en su hermano Aarón. La lista se haría interminable. A veces la creatividad que necesitamos la encontraremos en el corazón de una relación que necesitamos comenzar.

Así que, ¿cuál fue la instrucción que los reyes recibieron de Eliseo? El versículo 16 nos cuenta que les dijo que cavaran "muchos estanques" o acequias a lo largo de todo el valle. Ellos los cavaron y cuando lo hicieron las aguas vinieron y llenaron todos los estanques de modo que el pueblo de Dios tuvo provisión de agua mientras duraba la batalla, y lo mismo sus animales. El Señor siempre lo lleva a usted de principio a fin. Él es el Alfa y la Omega. Él es fiel cuando usted sigue sus instrucciones.

Capítulo Ocho

Cuando a la innovación se une la transpiración, es decir el esfuerzo personal, se produce la manifestación. Había algo que estos reyes tenían que hacer: tenían que cavar estanques para poder ver a Dios actuando en la situación y derrotando a sus enemigos. Recuerdo cuando hace algunos años nos preparábamos para construir nuestra iglesia en Brownsville, Texas, que la tierra que planeábamos comprar estaba cubierta de llantas. Había piedra y desechos de materiales dejados de la demolición de los edificios que ocupaban previamente la propiedad. La maleza estaba crecida y el terreno descuidado. Pero interiormente nosotros pudimos ver a Dios en esta tierra. Esta propiedad era nuestra provisión.

Debido a que la propiedad estaba tan descuidada el precio fue rebajado lo cual la hizo muy accesible para nuestra iglesia. Dios nos dio este terreno y fue una bendición. Al principio pocas personas podían ver la visión porque lo que veían era feo, pero nosotros veíamos una iglesia. Veíamos gimnasios, un centro de natación, aulas, cafeterías. No vimos un terreno tosco, feo y sin desarrollar. Vimos la provisión del Señor. Dios había preparado desde el principio una tierra santa, pero nosotros teníamos que dar un paso. Como los israelitas teníamos que cavar estanques para ver la intervención de Dios.

Si usted excava algunos estanques hoy, verá la mano de Dios mañana. No tenga miedo de dar un paso de fe. Hoy nuestra propiedad es un hermoso complejo donde centenares de estudiantes asisten a la escuela y miles de creyentes se reúnen para exaltar el nombre de Jesús. Lo poco es mucho cuando está en las manos del Señor.

El pueblo de Dios tenía una necesidad, y su disposición a actuar de acuerdo con la palabra profética hizo que esa necesidad fuera suplida. En el versículo 18, el profeta declaró: "Y esto es cosa ligera en los ojos del Señor; entregará también a los moabitas en vuestras manos". Como puede ver, estar dispuestos a actuar en concordancia con la palabra profética no solamente logró una solución para sus necesidades físicas sino que también provocó la derrota de sus enemigos de una vez por todas.

Los innovadores viven confiando en Dios. Tenemos que aprender el lenguaje de la fe. Dios llama las cosas que no son, como si fuesen. Él trata con las realidades en tiempo pasado. Nosotros creemos que estamos tratando con asuntos y dilemas en el presente, pero Dios los considera en tiempo pasado. Él ya ha provisto todo lo que necesitamos. Ahora él nos ayuda a maniobrar a través de la oposición en la medida en que decidimos hablar su Palabra y declarar en el lenguaje de la fe que "esto es cosa fácil para el Señor".

En Juan 8:32 el Señor declara: "Conoceréis la verdad, y la verdad os hará libres". No es la verdad que usted oye sino la verdad que *conoce* la que lo pone en posición de superar los obstáculos de la vida. El gran filósofo Sófocles, dijo: "El cielo nunca ayuda al hombre que no actúa". La fe es acción y ese tipo de fe es necesario para que el dinámico poder de Dios mueva la montaña que está frente a usted.

En una ocasión le oí decir al doctor Dave Martin: "La postergación es el asesino natural de la oportunidad, y exactamente lo opuesto del valor". Los israelitas quizás se preguntaron al comienzo por qué se les pidió que cavaran estanques. ¿Para qué todo este trabajo? Pero Dios los estaba preparando para la victoria. Si Dios no nos exigiera a usted y a mí dar un paso de fe con valor, empezar a actuar sin haber visto los resultados, estaría violando su propia naturaleza. Recuérdelo: "Sin fe es imposible agradar a Dios" (Hebreos 11: 6).

Santiago 2: 26 nos dice que la fe sin obras está muerta. La fe es una fuerza que mueve y que produce cambios. La fe requiere su acción correspondiente. La fe es activada por sus palabras habladas. Aprenda el lenguaje de la fe. Elimine de su vocabulario los "no puedo" y los "no tengo". Su activo más valioso es su fe. Protéjalo, nútralo y hágalo crecer.

En Segundo de Reyes capítulo 4 la mujer Sunamita habló el lenguaje de fe cuando le dijo al profeta Eliseo que todo estaba bien aunque su hijo había muerto. Ella sabía que en la economía o el sistema de Dios, todo está siempre bien. Ninguna derrota en nuestra vida es un hecho final. En Génesis 17 Dios le dijo a Abraham que hablara el lenguaje de fe cuando cambió su nombre y lo llamó "padre de multitudes" aunque todavía no había engendrado ni un solo hijo. Abraham habló el lenguaje de fe. En Hechos 20 (DHH) el apóstol Pablo habló el lenguaje de fe. Cuando él alargó su predicación en la noche, el joven Eutico se cayó de una ventana y murió. Pero Pablo se negó a aceptar esa derrota y en cambio declaró: "¡No se asusten! ¡Está vivo!" Y ciertamente lo estaba.

Usted debe saber cuál es la máxima realidad. ¿Está enfocado en la realidad spiritual de Dios? ¿O está viviendo en la realidad carnal, limitada y sin vida, carente de la innovación y la creatividad de Dios?

En Juan capítulo 11, Jesús al hablar de Lázaro, dijo: "Nuestro amigo Lázaro duerme, pero voy a despertarlo". Todos los que estaban alrededor de Jesús pensaron que estaba perdiendo la razón. Todos pudieron haberlo acusado de tener una falsa esperanza o de ser un predicador escapista. Sin embargo, Jesús

INNOVACIÓN

con gracia y dignidad declaró que Lázaro no estaba muerto, dijo que sólo estaba dormido. Jesús estaba hablando el lenguaje de fe.

Yo quiero que usted declare que este es el tiempo más próspero en su vida. Declare que el Creador vive en su interior y que está llevando a cabo a través de usted su plan y su propósito divinos. Abraham, Eliseo, Pablo y Jesús echarían a los incrédulos del recinto y luego declararían estas cosas que no son, como si fuesen. Es tiempo de que usted les pida a los que dudan que se hagan a un lado para que la fe pueda entrar en acción en su situación. Nosotros fuimos creados por la palabra hablada de Dios; estamos por lo tanto ligados para siempre al mundo de la palabra. Estamos en nuestra mejor situación en una atmósfera llena con palabras de fe y optimismo. Fuimos diseñados de esa manera por nuestro Creador. Nada lo detiene cuando usted habla el lenguaje de fe. Cuando determina dejar de arrendarles espacio en su mente a las dudas, a las preocupaciones, al temor y a la incredulidad, y en cambio saca a puntapiés a esos inquilinos e invita a la fe, la esperanza, la confianza y el propósito.

Escuché la historia de un hombre que solía hacer un vuelo rutinario en helicóptero. Frecuentemente volaba entre Austin y Dallas en el estado de Texas, así que un día decidió hacer el vuelo tan familiar sin utilizar el sistema de posicionamiento global (conocido en inglés como GPS). Como a mitad del trayecto el hombre miró hacia arriba y vio a un helicóptero militar "Halcón Negro" justo encima de él con un letrero digital en rojo que le decía que sintonizara determinada frecuencia radial. Cuando lo hizo, desde el helicóptero le dijeron: "Usted se encuentra en espacio aéreo restringido. Somos el Ejército de los Estados Unidos y le ordenamos que aterrice inmediatamente".

Capítulo Ocho

Pues bien, cuando el hombre aterrizó y empezó a hablar con las autoridades, se dio cuenta que había estado volando sobre la finca del presidente anterior George W. Bush. Por no usar el GPS entró por error a espacio aéreo restringido y por eso lo hicieron aterrizar. Le costó varias horas de interrogatorios antes de que le permitieran decolar otra vez rumbo a su destino.

Y así ocurre a veces en la vida. Viajamos solos pensando que vamos por la senda correcta pero luego nos encontramos en la esfera del temor. Nuestra fe no funciona allí y el poder y la innovación de Dios no operan en ese espacio aéreo. Usted debe estar seguro de que está viajando en la atmósfera correcta. En ella puede crecer consistentemente al hacer de la Palabra de Dios una prioridad en su vida. Decida que su iglesia local es una prioridad para usted y que ese tiempo empleado allí no es opcional sino una necesidad. El tiempo dedicado a la oración no es algo opcional sino necesario porque si la atmósfera no es la correcta, nunca obtendrá los resultados deseados; los que está creyendo y confiando lograr.

Recuerdo una historia que mi Papá me contó acerca de un hombre que estaba en el hospital en estado de coma. Cuando Papá salió del cuarto del hospital, el Espíritu Santo le habló. Él tenía entendimiento en su corazón. Ahí es donde entra en juego la creatividad de Dios. El Señor le dijo: "Vuelve y reprende el espíritu de muerte". Mi padre recibió esa instrucción y entró otra vez al hospital y le habló al espíritu de muerte. Poco después el hombre salió de su estado comatoso. Yo creo que por cuanto mi padre fue obediente y habló la Palabra de Dios, siguiendo su instrucción creativa, el Señor pudo sacar a este hombre de su coma.

INNOVACIÓN

Hay cosas en su vida hoy que carecen de vida. Hay cosas en su mundo que no tienen movimiento. Hable el lenguaje de fe. Encuentre la atmósfera de fe y permanezca en ella. Su negocio no está muerto, sencillamente está dormido. Su matrimonio no está muerto, simplemente dormido y es tiempo de despertarlo. Su ministerio no está muerto, simplemente duerme y es tiempo de que lo despierte.

Capítulo Nueve

Visiones y sueños

Es sorprendente cómo cuatro personas distintas pueden mirar la misma situación y ver algo diferente. Escuché una vez la historia de un joven teniente, su comandante general, una joven y una abuela que abordaron juntos un tren después de la guerra. El joven teniente estaba sentado frente a la hermosa joven y su abuela. Cuando entraron en un túnel quedó el vagón totalmente oscuro. En medio de la oscuridad se escuchó un beso y una cachetada. Cuando el tren salió del túnel, los cuatro sentados frente a frente tenían cuatro pensamientos diferentes.

El general pensó: *No puedo creer que ese joven haya tenido el valor de besar a esa chica, pero ella no tenía por qué haberme cacheteado.*

La abuela pensó: *Bueno, admiro el valor del joven, pero mi nieta no tenía por qué cachetearlo.*

La chica pensó: *No puedo creer que ese joven me haya besado, pero mi abuela no tenía que darle cachetadas.*

Pero los pensamientos del joven teniente eran totalmente diferentes. Él pensó: *¡Qué gran día! Besé a esa chica y le di una cachetada a mi comandante al mismo tiempo.*

Muchas personas pueden estar mirando las mismas circunstancias pero verlas de manera totalmente diferente. Proverbios 29: 18 dice: "Donde no hay revelación, el pueblo se desenfrena" (NVI). La Nueva Traducción Viviente lo parafrasea de esta manera: "Cuando la gente no acepta la guía divina, pierde el rumbo". La versión bíblica *El Mensaje* lo traduce así: "Si la gente no puede ver lo que Dios está haciendo, tropieza". Nuestra visión es la fuerza oculta de nuestro destino. Lo que vemos en nuestro interior, finalmente se hará realidad en el exterior.

Proverbios 23: 7 nos dice que cómo un hombre piensa en su corazón, así es él. Literalmente cada parte de nuestra vida está conectada con nuestra percepción interior. No importa cómo nos ven los demás; lo que importa es cómo nos vemos nosotros. Debemos vernos como Dios nos ve. Como lo dice Proverbios 29:18, si no podemos ver lo que Dios está haciendo en nuestra vida, tropezaremos. Nuestro futuro está basado en la fortaleza de nuestra visión.

Cuando lo que usted ve interiormente no está en concordancia con lo que está ocurriendo en el exterior, viene la frustración. Sin embargo, nuestra fe en Dios es un ancla en momentos de adversidad. Cuando la adversidad amenaza nuestra visión, cuando las circunstancias son contrarias a lo que vemos interiormente, podemos seguir adelante sabiendo que la visión que llevamos en nuestro interior tiene la capacidad no solamente de cambiar nuestras circunstancias presentes sino también nuestro futuro y hacer realidad aquello por lo que estamos confiando en Dios.

En el 2012, cuando Anne y yo regresábamos de un viaje misionero a Eslovaquia, hicimos una escala en Londres. Esto ocurrió durante los Juegos Olímpicos. No pudimos conseguir boletos para ninguna de las competencias olímpicas, pero se realizaba un triatlón y cualquiera podía observarlo a lo largo del recorrido. Pues bien, nosotros llegamos allí temprano para poder lograr un lugar de observación a un lado de la ruta de los ciclistas. Había 400.000 personas apretujándose en ese parque aquel día.

Capítulo Nueve

Yo tomé una foto de un hombre que estaba tan desesperado por ver a los atletas que amarró su bicicleta a un árbol y se subió a ella arriba del árbol. Allí estaba él ubicado sobre la multitud, decidido a ver a uno de los increíbles atletas de las naciones del mundo. Imagínese si tuviéramos una determinación similar para levantarnos por encima de la multitud utilizando cualquier cosa que tengamos –una bicicleta, un árbol, cualquier cosa– para lograr un nivel más alto. Si tuviéramos tal determinación, no habría límite a lo que podríamos hacer. La visión tiene que estar acompañada de determinación.

Tan importante es la visión que todos los creyentes tienen la responsabilidad de descubrir qué se supone que es el cuadro de su vida, y lo que Dios quiere de cada uno. Cada uno de nosotros va en una jornada, con una visión. La cuestión respecto a esta jornada es que no importa tanto lo que le ocurre a uno sino lo que ocurre *en* uno. No permita que las circunstancias negativas pinten su visión de un color diferente al que tenía cuando nació en su corazón mediante la oración y la dedicación a Dios. Necesitamos una visión clara, y valor para seguirla.

Hay cuatro cosas básicas que la visión produce en nuestra vida. El primero es deseo. La visión está siempre acompañada por una fuerte emoción. La fuerte pasión que acompaña su visión hará que usted nunca se dé por vencido. Fortalece sus acciones, lo capacita para hacer cosas no convencionales y poco comunes. Su pasión le da la capacidad para pensar con originalidad, para salirse del molde.

Recuerdo cuando empecé a tratar a Anne hace años. Ella vivía sobre una carretera rural a muchas millas de distancia de mi casa. La vía era mala y pedregosa y su casa estaba en un lugar de difícil acceso. Mi Papá solía decirme: "Hijo, vas a acabar con

INNOVACIÓN

tu carro yendo allá donde esa chica". Quizás era cierto, pero mi pasión y mi deseo por ver a Anne superaban todos los aspectos negativos que se me presentaban. Cuando usted tiene una visión tendrá el fuerte deseo y la pasión suficientes para superar sus limitaciones. No escuche a los críticos y menospreciadores. Siempre habrá vampiros emocionales a su alrededor procurando succionar los deseos piadosos de su espíritu. Ellos tratarán de matar su sueño, nublar su visión y extraer la vida del plan que Dios ha puesto en su corazón. Rechace estos vampiros y en cambio escuche la suave voz que le habla interiormente y tendrá éxito en sus esfuerzos.

En Hechos capítulo 10 encontramos una historia increíble. Durante algún tiempo el apóstol Pedro creyó que él debía alcanzar con el evangelio solamente al pueblo judío. Pero luego el Señor le habló y le dijo que ampliara los límites de su interés para incluir a los gentiles. Dios lo hizo dándole una nueva visión.

Para mí es interesante el hecho de que Pedro se encuentre en Jope. Esta era una ciudad marítima, un lugar de retiro y descanso. No hay duda de que mientras oraba y meditaba en la azotea tenía ante sí una hermosa vista. Pero Dios no le permitió descansar.

Muchas veces después de que obtenemos grandes victorias no tenemos deseos de ocuparnos de nuevos retos, nuevos sueños o visiones. Sólo queremos descansar frente al mar y disfrutar de algún tiempo de relajamiento. Pero Dios no le permitió a Pedro hacerlo y creo que tampoco se lo permitirá a un verdadero creyente. Él sabe que el crecimiento no ocurre de esa forma y que lo opuesto al crecimiento es la decadencia o por lo menos la mediocridad.

A Pedro lo despertó una visión. Dios pintó un cuadro frente a él dejándole en claro que debía salir de su zona de confort para

Capítulo Nueve

llevar el evangelio fuera del círculo de aquellos con quienes estaba familiarizado, e ir a los gentiles. Algo conmovió interiormente al apóstol: un nuevo deseo, una nueva pasión de predicar el evangelio a un grupo de personas a las que nunca antes había aceptado.

Deseche esa mentalidad que sólo desea descansar. Dese cuenta que la visión de Dios está evolucionando constantemente y agitándose en su corazón, tal como lo hizo en Pedro. Gracias a Dios que el apóstol fue obediente a esa visión para que nosotros los gentiles podamos seguir hoy a Jesús y entender el plan y el propósito del Señor para nuestra vida. Alguien estuvo dispuesto a salir de su zona de confort y de su sitio de descanso. Y el Señor lo llama a usted a hacer lo mismo; a que se levante y amplíe sus límites para poder experimentar cosas más grandes en el reino.

Cuando su sueño se conecta con el de alguien más, ese sueño adquiere fuerza y relevancia. Piense en la historia de José que en encontramos en el libro de Génesis. José fue liberado de la prisión para convertirse en el segundo al mando —despúes del Faraón— en la nación de Egipto, y esta liberación vino cuando él se involucró en el sueño de alguien más. José primero interpretó el sueño de su amigo el copero y luego el del Faraón mismo. Su participación en los sueños de otros lo llevó a la realización de su propio sueño.

Muchas personas quieren hacer el tránsito de estar sin empleo a convertirse en multimillonarios de la noche a la mañana, pero hay un camino para recorrer antes de lograrlo. Hay pasos que debemos dar si hemos de ver realizado ese sueño, y muchos de esos pasos requieren acoger el sueño de alguien más mientras recorremos el camino. ¿Puede usted participar de todo corazón en el sueño de otra persona como si fuera el suyo? Si usted se reviste de humildad y se compromete a servir a alguien más, Dios le dará un sueño propio y le proveerá personas que le ayuden a convertirlo en realidad.

La segunda cosa que la visión produce en nosotros es iniciativa. La visión nos ayuda a ver lo que puede ser. Nos muestra un cuadro del futuro que nos inspira y nos incita a avanzar hacia él.

Anne y yo hemos sido bendecidos al poder viajar y ministrar en las naciones del mundo. Tiempo atrás Anne quería tener una cámara mejor para poder documentar los testimonios que experimentamos en el extranjero. Y compró una linda cámara y luego decidió que necesitaba unos lentes de largo alcance, pero ocurre que éstos tenían el doble del tamaño de la cámara. A mí me gusta viajar liviano, no llevo mucho equipaje cuando viajo, sólo una pequeña valija con unas pocas prendas de vestir me bastan para todo el viaje. Pero ahora teníamos que llevar otro maletín para transportar esta cámara y sus enormes lentes. Pensé que Anne estaba trabajando ahora para CNN, o algo así.

Pero luego vi las fotos que mi esposa estaba tomando con esa cámara y sus lentes. Cuando me di cuenta lo que podía hacer con ella reconocí que tenía razón y le dije: "Cariño, puedes llevar la cámara a todas partes, no importa el maletín adicional. Me encantan los resultados".

En ocasiones no nos gusta el proceso, el trabajo que implica la realización de la visión, pero nos apasiona el resultado final. Y esa es la clave de la iniciativa. La visión nos ayuda a ver algo que puede convertirse en realidad aunque todavía no se haya revelado a sus sentidos. Es muy parecida a la fe. Según Hebreos 11:1 "La fe es la certeza de lo que se espera, la convicción de lo que no se ve". La fe toma las cosas que usted no ve con claridad, cosas que

Capítulo Nueve

están lejanas y las acerca de modo que pueda aferrarse a ellas hasta poder hacerlas realmente visibles y convertirlas en realidad.

Si usted no se levanta y actúa de acuerdo a lo que ve, no tiene una visión, tan sólo está soñando despierto. Hay muchas personas que hablan grandezas, alardean de las cosas grandiosas que realizarán en su vida, de la fama que lograrán. Pero no son los que hablan sino los que actúan los que las convierten en realidad. Los soñadores despiertos no realizan nada; lo hacen quienes actúan de acuerdo a su visión; quienes dan pasos para hacerla realidad son los que hacen la diferencia.

Si usted espera tener un día su propio negocio entonces debe conseguir hoy un empleo y ser fiel trabajando para alguien más. Piense en ello como la diferencia que existe entre llenar sacos de arena y construir una barrera protectora. Si sólo está llenando bolsas de arena, eso puede ser muy monótono. Pero si viene una inundación, cada bolsa de arena es otra porción de la barrera construida. En ese caso no está sólo llenando sacos de arena; está manteniendo las aguas lejos de una ciudad y protegiendo a la gente. Quizás no disfrute el empleo que tiene hoy trabajando para otra persona, pero cada día que trabaja duro perfeccionando sus habilidades y sirviendo a otros, está avanzando hacia la realización de la visión que hay en usted. Tiene que entender que no estamos solamente en movimiento sino edificando el futuro que Dios tiene para nosotros.

Recuerdo cuando hace varios años Anne y yo pasábamos por el proceso de obtener nuestras maestrías y luego un doctorado en teología. Cuán difícil era estudiar hasta tarde en la noche procurando asimilar información mientras pastoreábamos una iglesia tiempo completo, viajábamos, levantábamos una familia y administrábamos una institución educativa cristiana. Si no hubiéramos visto una carrera tras nuestros títulos nos habríamos dado por vencidos. Y eso es lo que la visión hace por usted, le ayuda a tener una vislumbre del resultado final de modo que pueda seguir avanzando con todas sus fuerzas.

No hace muchos años se filmó una película para niños que se llamó *The Lorax*. Anne y yo tuvimos oportunidad de verla en uno de nuestros vuelos a Londres. En un punto de la película ocurría una gran devastación. Alguien vino y taló todo el bosque, y las criaturas que en él vivían huyeron porque ya no había vegetación para ellas.

En medio de la devastación, aparece un muchacho sosteniendo una sola semilla con un pequeño retoño que brota de ella, y el muchacho se pregunta si será posible que esa sola semilla pueda restaurar todo el bosque. Y una voz le responde, diciendo: "No se trata de lo que ella es, sino de lo que puede llegar a ser". Y esto es tan válido en cuanto a su visión. La semilla parece pequeña y la tarea parece ser desalentadora. Quizás usted se siente abrumado, pero lo importante no es lo que es ahora sino lo que puede llegar a ser. Tiene que fijar su atención no en dónde está, sino a dónde llegará.

El chico de pie mira y ve palabras escritas en un monumento que dicen: "A menos que…" El muchacho se pregunta "¿Qué significan estas palabras?" Una voz le responde: "A menos que alguien como tú haga algo, nada cambiará".

La pelota está en nuestro campo. A menos que alguien como usted haga algo, nada va a cambiar. Pídale a Dios una nueva visión para su familia y su matrimonio, para su negocio y su carrera, para sus hijos y su futuro; una nueva visión para su ministerio y su llamamiento. A menos que alguien como usted haga algo, nada cambiará. La visión le permite iniciar el proceso, empezar

Capítulo Nueve

a actuar por la fe y entrar en un nuevo comienzo y una nueva etapa con Dios.

INNOVACIÓN

Capítulo Diez

Visiones y sueños – Segunda parte

Como visionarios tenemos el conocimiento. Los visionarios son inspirados por un deseo, y ese deseo produce la iniciativa de la acción para que la visión se convierta en realidad. La tercera cosa que Dios produce en nuestra vida a través de la visión es la capacidad de establecer prioridades. La visión le da prioridad a los valores. Una visión clara tiene el poder de llevar al frente lo más importante de su programa. Cuando su visión es clara, es mucho más capaz de determinar la forma en que invierte su tiempo. Su día gira alrededor de su visión. Ella es el elemento básico de todo lo que hace.

La visión nos ayuda a darle luz verde a las cosas correctas en nuestra vida. Hace años, cuando Dios nos levantó a mí y a Anne para pastorear la Iglesia *Livingway Family* en Brownsville, Texas, y para desarrollar un ministerio en varias localidades, tuve que aprender a priorizar mis esfuerzos. Antes de ese tiempo yo viajaba mucho dando conferencias en las iglesias y realizando reuniones de avivamiento. Pero cuando Dios me dio una nueva visión tuve que reordenar mis prioridades. Fue necesario que descartara ciertas cosas con el fin de poder dedicarle mi tiempo a la nueva visión. El resultado final valió el sacrificio porque en menos de una década vimos que Dios levantó un poderoso ministerio con una sede de miles de metros cuadrados y una escuela, todo lo cual causó un impacto inmediato en esta ciudad y en la región. Si no hubiera ajustado mis prioridades y dedicado todo mi esfuerzo al propósito de realizar la visión que Dios nos dio a Anne y a mí, sé que los resultados hubieran sido muy diferentes.

La pregunta que tenemos que hacernos es: "¿Cuál visión voy a acoger?" La respuesta a este interrogante determinará su futuro. No podemos ir tras todas las visiones. Un viejo proverbio chino dice que quien trata de cazar a dos conejos los perderá a los dos. Debemos decidir acoger la visión de Dios para nuestra vida. Él nos dará un enfoque singular que nos guiará en la ruta hacia nuestro destino; nos ayudará a establecer prioridades y a optimizar nuestra eficacia en su reino.

Antes de discutir el elemento final que la visión produce en nuestra vida recapitulemos lo que hemos aprendido hasta aquí. Primero, la visión es la fuerza oculta de nuestro destino y la visión, obviamente, produce deseo. Segundo, donde hay visión, hay iniciativa, un deseo de empezar a trabajar para verla convertida en realidad. Tercero, donde hay visión hay priorización. Finalmente, donde hay visión, hay innovación. Innovación es la última pieza que convierte la visión en realidad.

La persona promedio puede tener su propio sueño, pero como hijos de Dios no somos nuestros. El apóstol Pablo dijo que somos templo del Dios vivo, que nuestra vida no es nuestra sino que está escondida en Cristo (1 Corintios 6: 19-20, 2 Corintios 6: 16, y Colosenses 3: 3). Dios vive en nosotros y está a cargo de su templo. Por lo tanto se espera que descubramos el sueño que él tiene para nuestra vida. Esta no es alguna filosofía de auto ayuda o un mensaje motivacional para ayudarle a convertirse en multimillonario. Se trata de aprovechar todos sus esfuerzos y combinarlos con los recursos de Dios para hacer que el sueño divino se convierta en una realidad en su vida.

Capítulo Diez

En Ezequiel 37 leemos de un tiempo en la historia de los hijos Israel cuando ellos creían en Dios pero no creían que él pudiera realmente cambiar su situación. No estaban plenamente convencidos de que la visión que el Señor les había dado pudiera llegar a ser realidad. Considere estas palabras de Ezequiel 37: 1-3: "La mano del Señor vino sobre mí, y me llevó en el Espíritu del Señor, y me puso en medio de un valle que estaba lleno de huesos. Y me hizo pasar cerca de ellos por todo en derredor; y he aquí que eran muchísimos sobre la faz del campo, y por cierto secos en gran manera".

Piense en estos huesos como las heridas y derrotas que las personas han sufrido en su vida: un mal matrimonio, una mala experiencia en la iglesia, una frustración en el trabajo. Estas heridas lo pueden mantener a usted marginado, pero cuando tiene una visión operando en su vida ella viene con una nueva estrategia para su realización. Viene con innovación. Una curva en la ruta no es el final de ella. Tenemos que determinar que Dios es más grande que nuestras circunstancias.

Cuando Dios revela esta visión a Ezequiel, él sólo ve quebrantamiento en su derredor. El suelo del valle estaba cubierto con los huesos de guerreros anteriores que habían caído derrotados. Pero Dios empieza el proceso de innovación en Ezequiel como lo vemos en el versículo 3. "Y me preguntó: Hijo de hombre, ¿pueden estos huesos volver a vivir? Soberano Señor —respondí—, sólo tú sabes la respuesta".

Obviamente Ezequiel dio la respuesta políticamente correcta. Dios le hizo una pregunta pero él se atuvo al Señor para que la respondiera. Muchas veces Dios nos plantea interrogantes difíciles y tenemos que estar dispuestos a mirar en lo profundo de nuestro ser para encontrar respuestas pues él está empezando a infundir en nosotros su Espíritu de innovación.

Dios continúa hablando a Ezequiel, dándole instrucciones en los versículos 4 al 6: "Me dijo entonces: Profetiza sobre estos huesos, y diles: Huesos secos, oíd palabra del Señor. Así ha dicho el Señor Dios a estos huesos: He aquí, yo hago entrar espíritu en vosotros, y viviréis. Y pondré tendones sobre vosotros, y haré subir sobre vosotros carne, y os cubriré de piel, y pondré en vosotros espíritu, y viviréis; y sabréis que yo soy el Señor".

Quiero que piense en lo que narra este pasaje como el nacimiento de la visión de Dios. Él empieza haciendo frente a sus heridas y derrotas pasadas. Este proceso es doloroso, pero sepa que Dios le va a dar una estrategia para superar su pasado. La innovación que él trae es más grande que sus excusas. Después de que haya hecho frente a su pasado, le pedirá respuestas a interrogantes difíciles para ayudarle a discernir si está en esto para su propio bien o para la honra y gloria del Señor.

Luego vemos que Ezequiel entra en acción: "Profeticé, pues, como me fue mandado; y hubo un ruido mientras yo profetizaba, y he aquí un temblor; y los huesos se juntaron cada hueso con su hueso. Y miré, y he aquí tendones sobre ellos, y la carne subió, y la piel cubrió por encima de ellos; pero no había en ellos espíritu" (Ezequiel 37:7-8).

Note que aunque los huesos se unieron y se cubrieron de carne, no estaban plenamente resucitados. Estaban tiesos y todavía no estaban motivados. Estos huesos no tenían iniciativa hasta que la visión fuera plenamente proyectada. Todo gran líder es un gran proyector de visiones. Ezequiel tenía que proyectar la visión antes de que los huesos pudieran cobrar vida. Tenía que inspirarlos a la acción.

Capítulo Diez

Con frecuencia los innovadores son llamados a hacer nacer una visión en otros. Para hacer tal cosa usted debe estar dispuesto a pararse solo frente a la tumba y hablar vida a cuerpos muertos y a quienes han perdido su visión. A estos individuos los llamamos "muertos espirituales". No tienen pulso, no tienen energía, no hay pasión en ellos. Como ministro líder, pastor, plantador de iglesias, a menudo se espera de usted que se pare junto a la tumba y hable las bendiciones de Dios, y observe cómo Dios empieza a dar vida a una visión y a hacer algo de la nada. Pero para que usted sea tal tipo de innovador que hace nacer visión en otros, primero debe haber recibido usted mismo una visión.

La palabra "inspirado" significa, en espíritu. Es maravilloso lo que podemos lograr cuando estamos en el espíritu correcto. Es extraordinario lo que una familia puede lograr cuando está en el espíritu correcto, lo que puede logar una iglesia, una empresa, un equipo deportivo. Cuando estamos unidos en espíritu somos imparables.

La inspiración no ha sido algo extraño para los grandes innovadores. Elí Whitney fue inspirado por la idea de que podía construirse una máquina que separara las semillas duras de las suaves fibras del algodón. Esta inspiración lo mantuvo caminando de lado a lado de su habitación por las noches. Él estaba inspirado y su idea era producir un cambio en la industria algodonera. Mientras caminaba por su cuarto una noche miró a través de la ventana como un animal atacaba las gallinas en el gallinero y trataba de sacarla a través de la cerca de alambre. Inmediatamente le nació la idea de la máquina para separar la fibra de su cascara. Es maravilloso que cuando estamos inspirados podemos ver soluciones a los problemas en las cosas sencillas y ordinarias de la vida. La diferencia estriba en que empezamos a mirar con los ojos de la innovación.

La historia de Elí Whitney muestra que la visión e inspiración de un hombre afecta a miles de personas a su alrededor. Cuando estamos conectados con una visión común, somos un ejército imposible de detener. Piense lo que pasa si usted es miembro de un equipo deportivo, de una corporación, de un equipo ministerial o de una familia. Cuando está conectado con otros en su grupo trabajando por una visión común, usted es inatajable.

Considere estas palabras de Efesios 2: 19-22 (MSG): "Ustedes ya no son extranjeros o extraños. Ustedes pertenecen aquí con más derecho al nombre de cristianos que cualquiera. Dios está edificando un hogar y nos está utilizando a todos en esta tarea, sin tener en cuenta cómo llegamos aquí. Él utilizó como fundamento a los apóstoles y profetas. Ahora lo está usando a usted, encajándolo ladrillo tras ladrillo, piedra tras piedra, con Cristo Jesús como la piedra angular que sostiene y une todas las partes. Y vemos como esta edificación toma forma día tras día como un templo santo construido por Dios, y todos nosotros formamos parte de este templo en el cual Dios se siente como en casa".

Dios llama a todos los creyentes a hacer una contribución. Me encanta el versículo que nos dice que Dios está edificando un edificio y que nos está usando a todos sin tener en cuenta cómo llegamos aquí. Quizás usted se pregunte a veces cómo llegó a este punto de su vida. La verdad es que Dios usa personas, eventos y circunstancias lo mismo que su Palabra para moldearnos y hacernos lo que hoy somos para poder usarnos en la edificación de su reino. Yo he visto a albañiles en su trabajo de construir paredes y ellos pueden decirle cuán crítico es hacer que cada

Capítulo Diez

piedra encaje en su lugar. Al edificar, cortan todas las aristas y partes filosas y toscas de las piedras para que cada una encaje bien en su lugar respectivo. Es todo un proceso. Y así ocurre con nosotros. Estamos pasando por un proceso de moldeamiento para que podamos ser parte del gran plan de Dios. Todos hemos sido llamados a hacer una contribución al reino de Dios. Él nos llama a todos a impactar nuestro mundo.

En Génesis 40: 20-22 vemos que Jabal fue el primer pastor que vivió bajo tiendas. Jubal fue el primer músico y Tubal-Caín fue el primero en trabajar con hierro y bronce. Hay siempre un primero para todo. Génesis es el libro original de los principios. Piense en esto: antes de Jabal, ¿dónde vivían los pastores? ¿Dormían bajo las estrellas? ¿Y qué si hacía frío? Dios impregnó en el corazón de Jabal la idea de tomar pieles y hacer una carpa. Pues bien, después del surgimiento de esa idea, nadie quería volver a la manera antigua. ¿Quién queríadormir bajo las estrellas o confiar su protección a un árbol cuando podía estar bajo una tienda? Jubal, el primer músico, tuvo que forjar el primer instrumento musical para producir hermosos sonidos. Ahora la música determina la atmósfera de nuestra adoración, pero tuvo que haber el primer músico. Jubal tuvo el deseo de crear una atmósfera diferente y encontró una manera de expresar abiertamente su música interior para que todos pudieran beneficiarse.

Antes de Tubal-Caín no había herramientas para labrar la tierra, para edificar o para la guerra. Pero entonces Dios le dio una visión respecto a la forma de fabricar estas herramientas de hierro y de bronce. Él revolucionó la forma de construir, de cosechar y de hacer la guerra. Él fue el primero en línea.

Los visionarios crean una nueva atmósfera, crean días nuevos. Ahí es donde entra en escena la innovación. Cómo innovador usted crea un nuevo camino para los que vienen detrás. Quienes siguen nunca lucharán de la misma amanera que usted lo hizo para dar vida a lo que usted le dio vida. Dios quiere que usted sea un innovador, que sea el primero en hacer algo que no se ha hecho antes. Dios sabe de su potencial. Él conoce la medida de grandeza que hay en usted y cuando usted empieza a tener una vislumbre de la visión divina, ese es un día revolucionario en su andar con Dios.

La clave es tomar cautivos sus pensamientos. Los pensamientos negativos son una amenaza para la visión de Dios que hay en usted. Ellos pueden desarmarlo y socavar lo que Dios está forjando en su corazón. De modo que proteja sus oídos y sus ojos, y guarde su corazón. Tenga cuidado con qué clase de relaciones se compromete. Se ha dicho que los amigos son como los botones de control de un elevador: lo pueden llevar a usted hacia arriba, o hacia abajo. Sus relacionados pueden complementar la visión de Dios que hay en su interior, o amenazarla. Valore la visión que Dios le ha confiado. Tiene en sus manos algo precioso, algo que Dios hizo nacer en su interior.

La visión que Dios ha puesto en usted hará nacer un deseo en su interior. Provocará iniciativa para empezar a trabajar. Le ayudará a priorizar su vida para que las cosas más importantes sean las primeras en su agenda, y la visión que Dios le da le ayudará a innovar para que ella se haga realidad. Conozca el valor de lo que Dios le ha dado. Si mantiene la visión en la correcta estimación, esa visión crecerá y llegará a su plena madurez.

Capítulo Once

Visión colectiva

Recuerdo la historia de una maestra que era nueva en la escuela. Un día los chicos estaban jugando un partido de fútbol y la maestra vio a una niña pequeña que estaba sola al final de la cancha. La maestra pensó que la pequeña probablemente había sido rechazada por los otros niños, así que fue hasta el final de la cancha, la rodeó con sus brazos y le preguntó:

"¿Estás bien? ¿Te lastimaron u ofendieron los otros niños?

La pequeña miró a la maestra con mirada confundida y le dijo:

"Yo soy la portera. ¿No sabe usted nada de fútbol?"

No hay duda de que la maestra se sintió un poco avergonzada en este momento.

Esa es una historia chistosa, pero en realidad Dios no nos ha llamado a vivir la vida solos. Nos llama a vivir en comunidad y a trabajar juntos. Si la visión o el sueño que usted tiene es apenas suficiente, entonces su visión o su capacidad de soñar es demasiado pequeña. Una visión que viene de Dios involucra a otras personas. Y otros eventualmente se acercarán a usted para ayudar a que la visión que Dios le ha dado se haga realidad.

Las visiones prosperan en un ambiente de unidad. Inversamente ellas mueren cuando la atmósfera es de desunión. El Salmo 133: 1-3, declara: ¡Mirad cuan bueno y cuan delicioso es habitar los hermanos juntos en armonía! Es como el buen óleo sobre la cabeza, el cual desciende sobre la barba, la barba de Aarón y baja hasta el borde de sus vestiduras; como el rocío de Hermón, que desciende sobre los montes de Sion; porque allí envía el Señor bendición, y vida eterna".

Hay tremendo valor en la unidad. Donde quiera que hay unidad Dios derrama su favor y su bendición. Cuando Dios ordena algo, nada puede impedir su cumplimiento. No me mal interprete. La unidad no significa que no hablemos negativamente o que no se suscite controversia. Cuando un grupo está unido significa que todos los miembros están en él. Todos están involucrados. Todos son promotores de la visión.

Leí recientemente una estadística que dice que en la mayoría de las compañías solamente el 17% de los empleados son considerados realmente promotores de la organización. Eso significa que el 83% de las personas que derivan su ingreso de esa compañía simplemente se están ganando su salario, que no son promotores. Si usted quiere que Dios lo bendiga, sea promotor de las visiones que él les ha dado a los demás. Sea promotor de la visión de su iglesia y de la visión de su pastor. La unidad significa mucho más que sólo la ausencia de individuos que causan problemas. Unidad es la presencia de promotores.

Hace algunos años jugué basquetbol en la escuela secundaria. Un día llegaba un conferenciante especial a nuestra iglesia local y yo quería asistir a su conferencia. Nunca olvidaré lo que me dijo mi entrenador cuando le pedí permiso para faltar al entrenamiento. Dijo que podía ir, pero que no me iban a gustar los resultados de tal ausencia. Yo pensé: *Bueno, es algo de la iglesia. Él debe permitirme ir.* Pero después de aquella conferencia, cuando regresé al equipo fue muy difícil hacer que me alineara otra vez porque le había comunicado a mi entrenador que lo que yo quería era más importante que apoyar la visión del equipo. Sé que podía haber discutido con él todo el día que la iglesia era más importante que el deporte, pero el punto es que ese día yo le di prelación a otra actividad sobre la de mi equipo. No podemos esperar que otros hagan un mayor sacrificio que el que nosotros estamos dispuestos a hacer. Yo tengo que ser un individuo completamente dedicado o me sacarán de la alineación.

Los grandes equipos actúan unidos. El equipo olímpico de hockey de los Estados Unidos que en 1980 derrotó a Rusia en esa esa final espectacular era un equipo bien unido. Sus jugadores no se preocuparon por glorificar el nombre que cada individuo lucía en la parte trasera de su camiseta, sino que dedicaron todo su esfuerzo por darle gloria al nombre que ostentaban en su pecho: Los Estados Unidos de América. Debemos estar unidos por un nombre común: el nombre de Jesús. Dios nos ha llamado a servir para que el nombre de su Hijo sea conocido.

Recuerdo las palabras de Rut la moabita: "No me ruegues que te deje, y me aparte de ti; porque a dondequiera que tú fueres, iré yo, y dondequiera que vivieres, viviré. Tu pueblo será mi pueblo, y tu Dios, mi Dios" (Rut 1: 16). Rut estaba hablando a su suegra Noemí quien era una israelita, miembro del pueblo de Dios y Rut era una moabita, pero su declaración de que seguiría a Noemí y serviría a su Dios la posicionó para recibir una gran bendición. En vez de seguir recogiendo lo que sobraba en el campo, finalmente llegó a ser la esposa del muy rico terrateniente Booz, y todo porque se alineó con el pueblo de Dios. Cuando estamos alineados estratégicamente con el pueblo que Dios nos ha ordenado, su bendición llegará a nuestro camino.

Hay una historia acerca de David que encontramos en 1 Crónicas 12: 16-18: "Así mismo algunos de los hijos Benjamín y de Judá, vinieron a David al lugar fuerte. Y David salió a ellos, y les habló diciendo: Si habéis venido a mí para paz y para ayudarme, mi corazón será unido con vosotros, mas si es para entregarme a mis enemigos, sin haber iniquidad en mis manos, véalo el Dios de nuestros padres y lo demande. Entonces el Espíritu vino sobre Amasai, jefe de los treinta, y dijo: Por ti, oh David, y contigo, oh hijo de Isaí. Paz, paz contigo, y paz con tus ayudadores, pues también tu Dios te ayuda. Y David los recibió, y los puso entre los capitanes de la tropa".

Estos hombres comprendían que Dios estaba con David y que le daría éxito. Entendieron que cualquiera que estuviera bajo su cobertura tendría éxito también por causa de la unción de gracia que estaba sobre él. Esa es una de las cosas grandes de la unidad. Donde hay unidad, la visión prospera. Donde los miembros no están unidos, la visión perece. Es muy importante entender que cuando estamos en el lugar correcto, unidos a los líderes que Dios ha puesto sobre nosotros y ayudamos a otros a tener éxito, estamos asegurando también nuestro éxito personal.

Involúcrese en el trabajo de Dios y él se involucrará con usted. La iglesia local es plan de Dios para la humanidad. No es sencillamente otra actividad que hace parte de nuestra vida. Dios gobierna el universo teniendo la iglesia como su centro. Nosotros debemos gobernar nuestra vida de igual manera. La iglesia es el centro de la verdad y la bendición. El centro de las ideas que estimulan el crecimiento personal. Tenemos que alcanzar al mundo con el mensaje de que todos pueden ser hijos de Dios.

Debemos animar a otros para que vengan y sean parte de la increíble familia de Dios. La Iglesia local es el lugar en donde diariamente recibimos la inspiración de la visión y la innovación. Es el lugar en donde se alcanzan los perdidos, las personas se involucran y se conectan con otros creyentes, y la región y el mundo reciben su impacto a medida que alcanzamos y guiamos a otros mientras seguimos el liderazgo de Cristo.

Damos gracias cuando el quince por ciento de la congregación está involucrado, pero ese quince por ciento no constituye unidad. Debemos tener una mentalidad que incluye a todos. El ajetreo normal de la vida puede desalinear al equipo y puede destruir la visión. Recuerdo haber oído la historia de un pastor y un muchacho. Un día el muchacho estaba cortando el césped y el pastor pasó, y dijo:

"Me gustaría comprarte esa cortadora de césped".

"Bueno, no está a la venta, pero yo podría usar una bicicleta" –respondió el chico.

"Qué tal si hacemos un trato, –le dijo el pastor. Te doy mi bicicleta por esa cortadora de césped".

El chico accedió e hicieron el trato.

Pocos días después el pastor trajo la cortadora de césped donde el muchacho, y le dijo:

"No puedo hacer que esta cortadora arranque".

"Bueno, para que la cortadora arranque usted tiene que decir malas palabras" –dijo el muchacho.

"No, jovencito. Yo soy pastor y amo a Dios. Yo no digo esa clase de palabras" –replicó el pastor.

"Bueno, siga diciendo eso –dijo el muchacho– y todo se arreglara pronto".

El desgaste normal puede definitivamente hacer mella en una vida. A veces pensamos que podemos seguir haciendo lo mismo, que no necesitamos renovar o darle una nueva dirección a la vida pero eso no es correcto. Todos necesitamos renovación y nueva dirección para mantenernos alineados con la visión que Dios

INNOVACIÓN

tiene para nosotros. De lo contrario perderemos la alineación con su plan.

Hay ciertas cosas que nos desalinean o causan rutina en nuestra vida. El simple paso del tiempo lo puede causar. Llegamos a familiarizarnos tanto con lo que estamos haciendo que perdemos la pasión y el entusiasmo por la visión. Con el tiempo podemos perder de vista el propósito que define nuestra visión. Con demasiada frecuencia el tiempo no nos mejora, por el contrario nos hace más indiferentes y nos endurece.

Otra cosa que nos puede desalinear es lo que a mí me gusta llamar baches. Nosotros vivimos cerca de la frontera de los Estados Unidos con México y en ocasiones nuestras carreteras son las últimas en recibir mantenimiento cuando lo necesitan. Parece que somos los últimos en la cadena alimenticia. Nuestras carreteras a veces están en un estado desastroso, especialmente cuando han sido azotadas por una temporada de lluvias, huracanes y tormentas tropicales. Con el tiempo los baches que se forman desalinean los autos más finos.

Cuando una empresa pasa por un bajón económico, el comportamiento de los empleados tiende a cambiar. La gente deja de trabajar para avanzar la visión de la empresa. Dejan de asumir riesgos y están más preocupados por la seguridad de su empleo personal o por su plan de retiro que por el mejoramiento de la compañía. Cuando usted encuentra un grupo de personas que están dispuestas a dar todo de sí por el bien de la compañía, ha encontrado una receta para el éxito. Pero un bache de inestabilidad económica puede hacer cambiar la dirección.

Usted recordará la increíble historia de Nehemías y la manera en que Dios lo usó en la reconstrucción del muro de Jerusalén. Estaba viviendo en Persia sirviendo al rey como copero. Tenía una carrera exitosa, pero su corazón se quebrantó cuando oyó del estado en que estaba Jerusalén. Supo que los enemigos habían llegado a la ciudad, habían destruido sus muros y quemado las puertas. La ciudad era ahora vulnerable ante los invasores. Él pudo haber adoptado la actitud de que ese era problema de los que habitaban allí, no suyo. Pero en su corazón sintió el deseo de reconstruir. Le pidió al rey y él le dio permiso y provisiones para regresar a Jerusalén y reconstruir el muro.

Mientras Nehemías pasaba por este proceso, haciendo lo que en su corazón sentía que Dios quería que hiciera, tuvo que enfrentar oposición. Siempre me causa admiración el hecho de que el enemigo suele oponer resistencia, no cuando empezamos, no cuando estamos a punto de terminar, sino a mitad de camino. El enemigo procura darle a usted una excusa para que abandone el esfuerzo. En el caso de Nehemías él descubrió que la gente había empezado otra vez a vender a sus hermanos israelitas como esclavos.

Según lo establecido en Levítico capítulo 25, no es lícito para un judío esclavizar a otro judío, y eso era exactamente lo que ellos habían estado haciendo. Cuando Nehemías vino la primera vez de Persia a Jerusalén, usó dinero de su propio bolsillo liberando a varios de los judíos que ayudarían luego en el proyecto de reconstrucción. Ahora estaban aquí, en medio de este masivo proyecto de reedificación, y la gente estaba desobedeciendo.

El mismo Nehemías encontró una fuerte distracción. Miremos este pasaje que se encuentra en Nehemías 5: 7-13: "Entonces lo medité, y reprendí a los nobles y a los oficiales y les dije: ¿Exigís interés cada uno a vuestros hermanos? Y convoqué contra ellos una gran asamblea, y les dije: Nosotros según nuestras posibilidades rescatamos a nuestros hermanos judíos que habían sido vendidos a las naciones; ¿y vosotros vendéis aun a vuestros hermanos, y serán vendidos a nosotros? Y callaron, pues no tuvieron que responder".

"Y dije: no es bueno lo que hacéis. ¿No andaréis en el temor de nuestro Dios, para no ser oprobio de las naciones enemigas nuestras? También yo, y mis hermanos y mis criados les hemos prestado dinero y grano; quitémosles ahora este gravamen. Os ruego que les devolváis hoy sus tierras, sus viñas, sus olivares y sus casas, y la centésima parte del dinero del grano, del vino y del aceite que demandáis de ellos como interés. Y dijeron: lo devolveremos, y nada les demandaremos; haremos así como tú dices".

"Entonces convoqué a los sacerdotes, y les hice jurar que harían conforme a esto. Además, sacudí mi vestido, y dije: Así sacuda Dios de su casa y de su trabajo a todo hombre que no cumpliere esto, y así sea sacudido y vacío. Y respondió toda la congregación: ¡Amén! Y alabaron al Señor. Y el pueblo hizo conforme a esto".

En ocasiones los visionarios tienen que tomar drásticas medidas para reenfocar al equipo para que vuelva a tener la visión en la mira. Con el tiempo la gente se familiariza; su pasión se apaga y el deseo puede menguar. Aparecen los baches en el camino. Enfrentamos circunstancias negativas, perdemos personal, nuestros recursos disminuyen y empezamos a poner en riesgo la visión y a modificarla. Nehemías se negó a hacer tal cosa. Rehusó permitirles a los Israelitas que fueran una vergüenza entre las naciones paganas dejándoles ver su falta de unidad al actuar de esa manera. Las naciones que los rodeaban no verían su desunión.

Nehemías se vio obligado a hacer un receso, como todo gran líder tiene que hacer de vez en cuando. Tuvo que reenfocar la visión de su equipo y reaccionar a lo que estaba viendo al interior del mismo. Se dio cuenta que si el pueblo no regresaba al camino de la obediencia, Dios no podría bendecirlo. Y este no era tiempo de perder su bendición. Necesitaban el favor y la bendición de Dios si habían de terminar la reconstrucción del muro y ver su ciudad restaurada.

Nehemías necesitó determinación y un espíritu decidido. Sin importar cuánto deseaba seguir trabajando, supo que tenía que detenerse e invertir en la visión.

Como líderes tenemos que ser innovadores en la forma en que transmitimos la visión a la mente y el corazón de la gente. Esto es sumamente importante porque si hay una desconexión, el proceso empezará a tener tropiezos y la visión nunca se hará realidad. Dewitt Wallace tuvo la visión de una revista de bolsillo llena de historias inspiradoras. Visitó varias editoriales tratando de vender la idea pero fue rechazado una y otra vez. Finalmente decidió publicarla por su cuenta y comenzó a distribuir unas cuantas copias entre sus amigos. La publicación fue bien recibida, por decir lo menos. Hoy, alrededor de 17 millones de personas son suscriptoras de *Selecciones del Reader´s Digest*. Dewitt transmitió la visión al corazón de otros, y ahora millones están involucrados en ella.

Al expandir nuestra iglesia para incluir múltiples sedes en diferentes ciudades, no podemos estar físicamente en todas las reuniones de cada localidad. Utilizamos la tecnología para comunicar el mensaje en las diferentes sedes. Con este formato sería muy fácil que la gente se apartara de la visión. Lo que llamamos "desvío de la visión" puede ocurrir rápidamente si no somos diligentes. La clave para evitar este "desvío" es comunicarla fielmente utilizando medios innovadores. Habacuc 2: 2 nos dice que escribamos la visión y la expresemos con claridad y sencillez para que otros puedan acogerla y apoyarla. La comunicación de la visión tiene que ser clara y se debe efectuar con frecuencia a fin de mantener al equipo sobre los rieles.

Cuando la visión es clara y existe unidad en el equipo, la obra de Dios prospera. No comunicar la visión con claridad y sencillez causa falta de unidad porque cada miembro trabaja por su propia visión o según su propia interpretación de la visión colectiva. La duplicidad de visiones es causa de división. Una visión inspirada por Dios y desarrollada colectivamente por los creyentes puede cambiar al mundo.

Capítulo Doce
A quienes me odian y menosprecian

Cada visionario tendrá que tratar finalmente con quienes están empeñados en destruir su sueño. Concebir un sueño es una cosa; hacerlo realidad es algo enteramente diferente. Entendemos que tenemos que descubrir la visión que Dios tiene para nuestra vida. Es mucho más fácil administrar la visión de Dios que defender nuestra propia visión. Sabemos que cuando estamos procurando desarrollar la visión divina, Dios está de nuestro lado y pelea nuestras batallas. "Ninguna arma forjada contra nosotros prosperará", pero enfrentaremos oposición. Como lo dice Andy Stanley: "Si alguna vez usted ha compartido una visión, está plenamente consciente de cuatro cosas: Número uno, es fácil criticar las visiones. Número dos, las visiones atraen la crítica. Número tres, es difícil defender las visiones. Y número cuatro, las visiones a veces perecen a manos de los críticos".

Desde el momento en que entramos a este mundo estamos expuestos a la crítica. Todos hemos ido alguna vez a un hospital a ver a un recién nacido. Al mirar por la ventana a todos los bebés preciosos que hay en la sala cuna, puede escuchar una cantidad de comentarios sobre lo orejón que es el bebé, lo grande que es la cabeza o la nariz, o el poco o mucho cabello que tiene. Desde los primeros momentos sobre la tierra estamos expuestos al escrutinio. Debemos admitir el hecho de que la crítica es una forma de vida.

INNOVACIÓN

Aferrarse a un sueño bajo la presión de la crítica es difícil. Si esperamos la aprobación de los demás para darle vida al sueño que Dios ha inspirado en nuestro corazón, muchos de nosotros jamás empezaremos la jornada para hacerlo realidad. Tal vez ha escuchado la historia de los tres hombres que cargaban cada uno dos sacos o bolsas. Un transeúnte le preguntó al primero:

"¿Qué hay en los sacos?"

"El saco que llevo en mi espalda está lleno con todas las cosas buenas que me han ocurrido –dijo el hombre–. El que llevo al frente está lleno con todo lo malo". El hombre veía constantemente las cosas malas, de modo que no podía ver las cosas buenas en su espalda.

El extraño le hizo al segundo hombre la misma pregunta pero recibió la respuesta contraria.

"El saco que llevo en mi espalda está lleno de las cosas malas que me han ocurrido, y el que llevo al frente contiene las cosas buenas".

El segundo hombre por lo menos podía ver las cosas buenas y no fijar su atención en las cosas negativas. Pero ambos sacos, siendo tan pesados, mantenían doblado al hombre y hacían que su vida fuera una carga.

Finalmente el extranjero le hizo al tercer hombre la misma pregunta.

"El saco que llevo sobre mi pecho está lleno con mis logros y mis victorias –dijo–. El que llevo en mi espalda está vacío".

"¿Por qué está vacío?" –preguntó el extraño.

"Puse todos mis errores, fracasos, culpas, vergüenza y críticas en ese saco –dijo el hombre– y le hice un hueco en el fondo para vaciarlo. De ese modo llevo al frente más peso que atrás, así que siempre estoy avanzando. De hecho el saco vacío en mi espalda actúa como una vela, atrapando el viento para impulsarme hacia adelante".

Debemos ser como el tercer hombre yendo siempre hacia adelante sin aceptar el peso del negativismo y la crítica de otros, sino totalmente activos en la visión que Dios nos ha dado. Como innovadores, diseñados para la creatividad, no podemos permitir ser cargados por los fracasos de ayer o la incredulidad de quienes no pueden ver lo que Dios ha inspirado en nuestro corazón.

Hay muchos ejemplos en la Biblia de quienes superaron la adversidad y dejaron atrás a sus críticos para realizar la visión que Dios había puesto en su corazón. En el capítulo anterior discutimos el ejemplo de Nehemías. Dios le dio la visión de reedificar el muro de Jerusalén, y aunque enfrentó tremenda adversidad de enemigos externos e incluso de quienes estaban alineados con él, perseveró hasta ver la obra terminada y la visión hecha realidad.

Dios le dio a José la visión de que un día sus padres y hermanos se postrarían ante él. Y aunque fue vendido como esclavo por sus hermanos y fue injustamente encarcelado en Egipto, resistió la adversidad hasta ver realizada su visión. Hay muchos más casos que podría citar de quienes sirven como ejemplos vivientes de lo que puede ocurrir cuando una persona está dispuesta a perseverar hasta ver que la visión de Dios para su vida se haga realidad.

Cuando una idea nace en nuestro corazón, está nueva y fresca. La nueva visión tiene un atractivo romántico. Nos deleitamos en la idea de cambiar y hacer algo nuevo, pero al meternos en ella empezamos a entender que no todo el mundo la comparte. Ni todo el mundo la apoyará. Algunas personas tienden a darse por vencidas y a abandonar el empeño cuando su sueño enfrenta resistencia, mientras que otros son acicateados por la oposición.

INNOVACIÓN

No permiten que sus menospreciadores contaminen o diluyan lo que ellos llevan en su corazón.

Escuché la historia de un jugador de fútbol americano que proyectaba avanzar y lo estaba haciendo muy bien en su escuela secundaria hasta que un reportero de un periódico local fue la excepción y empezó a escribir artículos críticos contra el joven. Criticaba la forma en que éste lanzaba la bola y afirmó que no era lo suficientemente rápido y que no tenía la estatura para jugar en el siguiente nivel. El joven comenzó a prestar demasiada atención a las críticas de ese reportero y eso afectó su juego. Nunca llegó a jugar después de la escuela secundaria porque se enfocó en lo que un hombre dijo. Si usted presta atención solamente a los comentarios negativos de sus críticos, eso afectará su creatividad e incluso la capacidad que Dios le dio.

Regresando a la historia de Nehemías, uno de sus grandes críticos fue un hombre llamado Sanbalat quien fungía como gobernador de Samaria. Él tenía mucho que perder si el muro de Jerusalén era reedificado. Hasta este tiempo los enemigos de los judíos podían ir y venir a su gusto por la ciudad. Podían continuar amenazándolos pues los residentes de Jerusalén no tenían protección, pero si el muro era reconstruido, Sanbalat y los demás enemigos perderían el control que hasta ese tiempo ejercían sobre ellos. De modo que empezó a criticar los esfuerzos de reconstrucción.

Tal como le aconteció a Nehemías, cuando usted empieza a procurar la realización de la visión que Dios le dio, los críticos comienzan a atacarlo tratando de convencerlo de que es inferior no apto para la tarea que tiene a mano. Sanbalat recordó pasados fracasos para socavar la confianza de los judíos. Les recordó su incapacidad de los últimos 100 años y su falta de fortaleza. Se preguntó si su Dios y su ley restaurarían el muro de alguna manera. "¿Acabarán en un día? ¿Resucitarán de los montones del polvo las piedras que fueron quemadas?" Nuestros enemigos intentarán enredarnos con pequeños detalles. Nunca debemos enfocar nuestra atención en esas cosas de pequeña importancia en cuanto concierne a nuestra visión.

Hay dos cosas que provocan reacciones negativas hacia una visión: cambios y baches en el plan. Los cambios causan inseguridad en las otras personas. Los críticos enfocan la atención en hechos conocidos e históricos, pero los visionarios cambian la historia. La leyenda dice que cuando Robert Fulton, el diseñador del primer motor práctico a vapor, se preparaba para encender el motor por primera vez, había críticos alineados a la orilla del rio diciendo que el motor nunca encendería. Pues bien, cuando el motor cobró vida y empezó a botar vapor y el bote empezó a moverse en el río, cambiaron su canto por: "¡Nunca va a parar!" El punto es que usted jamás se escapará de los críticos. Ellos utilizarán hechos conocidos y la historia para disputar con usted hasta el fin.

Si bien es cierto que muchas visiones han nacido en el fértil terreno de la historia, en muchas ocasiones la historia también es utilizada para sepultar la visión. Fijar la atención en experiencias pasadas así como en los fracasos de otros puede matar la visión. El cambio –entrar en territorios nuevos– saca a la superficie las inseguridades de otras personas. Usted tiene que enfocarse en lo que Dios le ha dicho y estar consciente de que el cambio no es bienvenido con facilidad. Lo irónico es que el cambio es lo único con lo que podemos contar realmente.

Hace muchos años cuando el Señor nos dio la visión de venir a Brownsville teníamos la desesperada necesidad de terreno en el cual construir nuestra primera iglesia. El edificio que estábamos alquilando estaba a punto de ser condenado y demolido por la ciudad. Teníamos solamente algunos meses para hacer arreglos y conseguir un lugar de reuniones. Era obvio que no podíamos seguir reuniéndonos en donde estábamos y todavía muchos de nuestros compañeros en la iglesia se resistían al cambio. No podían ver que Dios estaba haciendo algo nuevo.

El Señor actuó milagrosamente en un lapso de un par de semanas pues nos proveyó suficiente dinero para comprar el terreno y preparar la construcción. En páginas anteriores le conté la historia del estado en que estaba el terreno cuando lo vimos por primera vez, pero Dios transformó esa propiedad en el hermoso espacio que ocupamos hoy. Él había destinado la propiedad para este propósito cientos de años antes de que nosotros apareciéramos en escena. Aunque no todos dieron la bienvenida al cambio, aunque la tarea parecía humanamente desalentadora, en el mundo espiritual Dios ya había hecho provisión para nosotros. Los visionarios tienen que poseer la fe de que Dios ya ha hecho preparativos anticipados. Aunque no siempre puede ver esos preparativos, usted debe dar pasos de fe a fin de poder ver la visión hecha realidad.

Una segunda razón por la cual enfrentamos la crítica es porque se perciben vacíos en la visión. Si la gente no puede trazar un camino claro de la A, a la Z, en la máxima realización de la visión, oiremos críticas. Cuando damos los primeros pasos de fe habrá siempre interrogantes en cuanto a cómo sucederán las cosas. Todo innovador enfrenta la crítica. Usted puede ver el cuadro completo pero otros no pueden. Para un innovador es importante ponerse en los zapatos de las otras personas si es que ha de superar las críticas.

Había una vez una dama esperando en la terminal del aeropuerto a que su vuelo abordara. Antes de sentarse a esperar compró algunas galletas y las metió a su bolso. Sentada junto a ella estaba un hombre de negocios muy bien vestido. Mientras esperaban el hombre alargó su mano y tomó una galleta. La dama no podía creer que el hombre se atreviera a coger una de sus galletas. En respuesta ella se inclinó y con autoridad tomó una galleta para ella. Así continuaron cada uno cogiendo una galleta hasta que llegaron a la última galleta del paquete, la cual el hombre ofreció a la dama acompañada de una sonrisa. La mujer tuvo que hacer un esfuerzo para no cachetear al caballero que tan rudamente se había comido la mitad de sus galletas.

Finalmente llamaron para abordar el vuelo de la dama. Cuando estaba sentada en el avión metió la mano en su bolso y allí estaba sin abrir su paquete de galletas. ¡Todo el tiempo ella estuvo comiendo de la caja de galletas del caballero! La lección que podemos derivar de este incidente es que es fácil criticar cuando no vemos el cuadro completo.

Cierta vez había una pareja que se mudó a un nuevo vecindario. Una mañana, mientras la pareja estaba desayunando, la esposa miró a través de la ventana y vio a su vecina extendiendo la ropa lavada en la cuerda y notó que estaba deslucida y sucia.

"Esa vecina no sabe lavar –le dijo a su esposo–. Su ropa no está limpia. Me pregunto si usará algún detergente".

Día tras día la esposa siempre hacía el mismo comentario:

"Increíble que la vecina no sepa lavar. No puedo creer que ella realmente se ponga esa ropa sucia".

Unas semanas después la mujer miró a través de la ventana y los vestidos lucían limpios y coloridos como debían estar. Estaba sorprendida. Llamó a su esposo y le dijo:

"Mira, mi amor. Nuestra vecina al fin aprendió a lavar. Me pregunto qué pasaría".

El esposo la miró sonriendo, y le dijo:

"Cariño, yo me levanté temprano esta mañana y limpié nuestra ventana"

INNOVACIÓN

Muchas veces no es el comportamiento de alguien más sino nuestra percepción lo que hace la diferencia. Nunca juzgue un trabajo que apenas está en proceso. Sólo porque usted percibe vacíos en la visión no quiere decir que sean reales, la obra está en proceso. Las grandes obras requieren años para realizarse.

Capítulo Trece
Una obra en proceso

Recientemente escuché que se está construyendo en *Black Hills* [Colinas Negras], Dakota del Sur, un monumento recordatorio de *Crazy Horse* [Caballo Loco], el famoso guerrero indio Lakota de los Estados Unidos. En 1948 Korczak Ziolkowski fue comisionado por el Jefe Lakota Henry Standing Bear para diseñar una escultura en una montaña que honre la memoria del famoso líder Lakota. La gran ironía es que Caballo Loco se resistía a ser fotografiado cuando aún vivía. Me pregunto qué pensaría él al saber que su imagen está siendo esculpida en una estatua de unos 187 metros de altura en la superficie de las Colinas Negras.

Ziolkowski invirtió más de 30 años de su vida esculpiendo este monumento que se espera tendrá casi tres metros más de alto que el monumento a Washington, y será nueve veces más grande que los rostros que hay esculpidos en la Montaña Rushmore. Tras su muerte en 1982, la familia del señor Ziolkowski continuó con la visión que hizo nacer su padre. Se proyecta terminar la obra en el 2050. Siendo tan largo el período de su realización, surge la pregunta: "¿Por qué pasar toda una vida esculpiendo una estatua más grande que la vida misma? La respuesta de Ziolkowski fue: "Cuando su vida termine el mundo se hará sólo una pregunta: ¿hizo él lo que se esperaba que hiciera?" Las grandes obras toman tiempo para ser desarrolladas, de modo que nunca juzgue una obra antes de tiempo.

INNOVACIÓN

Cuando vimos a Nehemías por última vez estaba bajo escrutinio por causa de la visión que Dios le había dado. Sanbalat, el gobernador de Samaria era abiertamente crítico de sus esfuerzos y había organizado un ataque contra él y el grupo de obreros que trabajaban a su lado. Pero Nehemías y el pueblo tenían sus pensamientos ocupados en el trabajo (Nehemías 4: 6). Mantuvieron el enfoque. Continuaron avanzando a pesar de la oposición del enemigo.

La historia continúa en Nehemías 4: 7-8: "Pero aconteció que oyendo Sanbalat y Tobías, y los árabes, los amonitas y los de Asdod, que los muros de Jerusalén eran reparados, porque ya los portillos comenzaban a ser cerrados, se encolerizaron mucho; y conspiraron todos a una para venir a atacar a Jerusalén y hacerle daño".

A medida que la visión se desarrolla con más fuerza, el enemigo empieza a perder terreno. A los enemigos no les agrada perder terreno, de modo que siempre dirigen sus esfuerzos a detener lo que Dios está edificando. Sanbalat reunió contra los judíos a los habitantes de las ciudades circundantes. Pronto se corrió la voz sobre la guerra inminente. Otros judíos se dedicaron a incitar a los que edificaban para que abandonaran sus puestos diciéndoles que su vida corría peligro, y algunos de ellos lo hicieron. Es asombroso lo rápidamente que algunos de los que desean trabajar pueden darse por vencidos. A medida que aumenta la crítica pierden su espíritu decidido y eso afecta la actitud general hacia la visión. Los judíos se encontraron con que había más desechos de los que inicialmente pensaron, estaban cansados, la emoción había desaparecido y ahora había una multitud de voces invitándolos a renunciar. Todas estas cosas magnificaron lo negativo y su paz empezó a esfumarse.

Capítulo Trece

Muchas personas que aceptan a Cristo pronto pasan por la experiencia de los nuevos creyentes. Todos hemos sufrido la crítica, pero muchos nuevos creyentes en Cristo no están listos para la crítica que viene de los parientes que no siguen al Señor y que no han visto todavía lo que ellos han visto. A medida que la crítica aumenta tienen que recordar lo que son y lo que no son. Ellos quieren que los demás celebren su nuevo amor por Cristo cuando en realidad muchos los menosprecian por la paz y la alegría que tienen ahora en su corazón. Esto nos lleva a la experiencia de los nuevos creyentes, que demuestran su nuevo contentamiento en Cristo. Eso desalienta a quienes han querido actuar con fe, hasta el punto que ya no se esfuerzan por hacerlo. Ya no están interesados en ampliar su vida o su carrera. Ya no tratan de crecer para ser una bendición a las generaciones futuras. Ya no procuran financiar las misiones y los esfuerzos evangelísticos de la iglesia local.

Usted tiene que esforzarse en este tiempo de oposición y estar consciente que ahora es un agente de cambio que Dios usará para llevar a otros de las tinieblas espirituales a la luz.

Lo que en un principio encuentra resistencia, en muchas ocasiones es finalmente aceptado como resultado de la persistencia y la repetición. No tome el rechazo como una señal de fracaso; véalo como una realidad necesaria en el camino hacia el cumplimiento de la visión que Dios ha puesto en su corazón.

Usted no debe permitir que su visión perezca a manos de los destructores de sueños. Estefanía quiere un novio cristiano. Ella cree que Dios le dará un esposo cristiano, un hombre creyente y temeroso de Dios. Pero las personas cercanas insisten en que no hay cristianos disponibles. Le dicen que ya es imposible que encuentre un buen hombre. Pues Estefanía tiene que seguir creyendo y permanecer fiel a sus convicciones sin dejarse influenciar por todas esas personas negativas que la critican motivadas quizás por las malas experiencias que ellas han tenido. Ella no puede permitir que esos destructores de sueños maten la visión que Dios le dio.

Ben quiere que su hija sirva a Cristo y ame a Jesús todos los días. Pero en su círculo le dicen que los muchachos van a irse al mundo durante algún tiempo. Que tienen que probar el mundo y el pecado, y luego, tal vez, regresarán a Cristo en sus últimos años. Como padre Ben tiene que permanecer comprometido con la visión que Dios le dio en cuanto a que su hija puede servir y servirá a Dios no importa lo que otros digan.

Tom y Sally tienen la visión de liberarse de deudas, de ser fuertes financieramente, pero otros creen que en la economía actual eso es un imposible. Les dicen que acepten el hecho de que actualmente no pueden prescindir de las tarjetas de crédito para poder ir pasando. Tom y Sally tienen que continuar fieles a la visión que Dios les dio de vivir libres de deudas, a pesar de lo que puedan decir personas cercanas que quizás han fracasado.

Su visión sobrevivirá a sus críticos si usted permanece fiel a ella. Nehemías 6: 15-16 registra los detalles de la victoria de Nehemías: "Fue terminado, pues, el muro, el veinticinco del mes de Elul, en cincuenta y dos días. Y cuando lo oyeron todos nuestros enemigos, temieron todas las naciones que estaban alrededor de nosotros, y se sintieron humillados, y conocieron que por nuestro Dios había sido hecha esta obra".

Es muy importante fijar su atención en el tiempo más allá de su lucha. Los grandes atletas, desde los que corren las maratones, pasando por los nadadores de largas distancias, hasta los que participan en el triatlón, entienden la importancia de fijar su mirada más allá del dolor y la lucha.

Capítulo Trece

Leí una vez un artículo que contaba cómo los corredores de maratones se concientizan y le dicen a su cuerpo que aún les queda energía. Se dicen a sí mismos: "Puedes hacerlo. Estarás fuerte al terminar. Cruzarás la meta de llegada. No flaquees. Continúa. Tienes la Fortaleza necesaria para llegar al fin". Ellos visualizan el final.

Entendemos que durante el proceso Nehemías tuvo que mantener a la gente enfocada. Aun cuando hubo una amenaza de muerte y destrucción, durante el período de críticas verbales, el pueblo tuvo que permanecer enfocado. Como puede ver, su propósito tiene que ser más grande que su distracción.

Note que en el versículo 16 dice que cuando los enemigos vieron que el muro fue reedificado, se dieron cuenta que la obra había sido hecha por Dios. Sabían que lo que se había realizado era humanamente imposible. Por fortuna servimos a un Dios que tiene dominio sobre las situaciones imposibles. Un Dios que es innovador y creativo en todas las formas y maneras.

Tenemos que aprender a mostrarles la puerta a nuestros enemigos y desalojar pensamientos críticos de nuestra mente. A sacudirnos la crítica y a dar otro paso hacia la realización de nuestra visión. No le alquile espacio en su mente a los pensamientos de derrota. Paralice a sus enemigos dejándoles ver que Dios está con usted al continuar luchando contra obstáculos insuperables hasta ver el cumplimiento de lo que cree.

Mientras más se esfuercen sus críticos para sepultarlo, con más insistencia debe usted sacudirse sus ataques. Desarrolle un espíritu flexible y resistente. No se deje distraer por otras batallas. Escoja sus propias batallas y escójalas con sabiduría. La señora que limpia nuestra casa llamo a la iglesia un día desesperada porque había una serpiente dentro del recipiente del trapeador

INNOVACIÓN

en el garaje. Yo tuve que decidir si interrumpir lo que estaba haciendo para el Señor en ese momento y salir para ocuparme de la víbora que había en el recipiente, o si me ocuparía de ella más tarde. Decidí terminar lo que estaba haciendo y luego fui para tratar con el animal. Cuando llegué a casa de nuestra empleada me di cuenta que era solamente una pequeña serpiente la que se había metido en el recipiente, pero por la reacción de la mujer uno hubiera pensado que era un enorme pitón. El punto que estoy tratando de ilustrar es que usted no puede estar cazando las serpientes de otras personas. Eso produciría demoras o retrasos en el cumplimiento de los sueños que Dios le ha dado.

Capítulo Catorce

Responder a mis críticos

Se ha dicho que no es lo que le ocurre a usted lo que importa; la forma en que responde a lo que le ocurre es lo que hace la diferencia. Todos enfrentamos la crítica y todos tenemos que luchar contra el impulso de criticar. Algunos son criticones por naturaleza y un espíritu criticón es contagioso. Es algo así como un cáncer. Se introduce a su alma y afecta su percepción, su actitud, y la forma en que trata a los demás. Un hombre que había tenido un accidente le preguntó al conductor del otro vehículo: "¿Por qué no aprende a conducir? ¡Usted es la cuarta persona que me choca hoy!" Una mujer cuyo esposo gastó $4.000 dólares en una operación ocular con rayos laser, dijo: "Después de gastar todo ese dinero, todavía no alcanzas a ver las cosas desde mi punto de vista". Desde la perspectiva de ciertas personas, lo que usted haga nunca será suficientemente bueno. Para ellas todo será siempre culpa de la otra persona. Los demás nunca están a la altura.

En su libro sobre la visión, Andy Stanley dice que hay tres formas de responder a nuestros críticos. La primera es responder con oración. Considere el ejemplo que encontramos en Nehemías 4: 4-5: "Oye, oh Dios nuestro, que somos objeto de su menosprecio, y vuelve el baldón de ellos sobre su cabeza y entrégalos por despojo en la tierra de su cautiverio. No cubras su iniquidad, ni su pecado sea borrado delante de ti, porque se airaron contra los que edificaban".

INNOVACIÓN

La respuesta inicial de Nehemías de clamar a Dios en oración no les permitió a sus enemigos convertirse en el foco de su atención. Si fijamos nuestra atención en nuestros críticos, caemos en su juego. Si nos guardamos las emociones nos llevan a la depresión. Si desahogamos nuestra angustia con inocentes testigos, eso complica las cosas. Si llevamos nuestra frustración y ansiedad delante del Señor, él provee la fortaleza para vencer. Esta es una razón suficiente para permanecer con la mirada puesta en la visión, no en los críticos. David clamó al Señor cuando se vio rodeado de enemigos por todas partes y no endulzó las cosas. Piense en sus palabras que encontramos en el Salmo 5: 9-10: "Porque en la boca de ellos no hay sinceridad; sus entrañas son maldad, sepulcro abierto es su garganta, con su lengua hablan lisonjas. Castígalos, oh Dios; caigan por sus mismos consejos; por la multitud de sus transgresiones échalos fuera, porque se rebelaron contra ti".

Es una expresión de confianza hacerle conocer al Señor nuestras heridas más profundas. Cuán importante es controlar nuestras emociones y permanecer animados, no importa la situación que estemos atravesando. Nehemías entendió que estaba siguiendo la visión de Dios. Su responsabilidad era mantenerse inmerso y fuerte en esa visión, así que acudió al Señor en oración ante la tentación de desanimarse. Muchos hubieran respondido humanamente pero él dobló sus rodillas y confió en Dios. Acudió a Dios quien podía ejecutar venganza sobre sus enemigos. Dios es responsable de ver que su visión fructifique.

Cuando David se desanimó porque Saúl lo perseguía y procuraba matarlo, buscó al Señor, le dijo lo que estaba sintiendo y desahogó sus emociones delante de él para poder permanecer centrado en la visión. La Biblia dice que aunque pensó que lo había perdido todo en Siclag, él "se fortaleció en el Señor". Acudió a Dios y encontró el valor para seguir adelante.

Anímese en el Señor. Fortalézcase en él. Él le ha dado el poder para vencer porque fue quien le dio la visión. Él sabía que usted era el indicado para correr con la pelota. El Señor lo llamó para ser un realizador diferente. No dude de la visión cuando enfrente la crítica. Manténgase animado.

Cuando oramos al hacer frente al escrutinio ponemos la crítica en su contexto apropiado. No es cosa nuestra defendernos nosotros mismos o responder a nuestros críticos. Lo nuestro es orar y permitir que Dios trate con ellos. Cuando a la crítica le enfrentamos no nuestra limitada capacidad sino los infinitos recursos de Dios, pierde su poder. Cuando somos capaces de entregarle al Señor nuestra frustración por la crítica, eso permite que nuestra creatividad e innovación sigan fluyendo.

Un joven escribió un ensayo en su clase de economía sobre su visión de crear un servicio de correo con entregas en veinticuatro horas. Con tinta roja el profesor le dio como calificación una "C", y le escribió en la parte superior de la hoja una nota que decía: "No sueñe con cosas que no pueden ocurrir". El joven salió de la escuela y fundó a Federal Express [*]. Yo me pregunto en dónde estará hoy ese profesor. Usted y yo tenemos la capacidad de anular a nuestros críticos simplemente entregando a Dios nuestra frustración para que el sueño pueda seguir vivo en nosotros.

[*] **Importante empresa estadounidense de correo rápido.**

En 30 años de ministerio he tenido muchas oportunidades de desanimarme, de tirar la toalla. Pero me complace que a pesar de esas oportunidades mi espíritu ha mantenido su determinación. Mi esposa y yo determinamos en nuestro corazón triunfar, sin importar lo que viniera en contra nuestra. Cada vez que el enemigo envíe desaliento a su vida usted debe recordar que él sólo está tratando de detener algo que Dios ha planeado que usted realice. Usted es una amenaza para el reino del enemigo, de lo contrario él no estaría luchando contra usted.

Joel Osteen hablaba de los efectos positivos del estímulo. Decía que aun Henry Ford se benefició del estímulo en sus primeros días. Uno de esos animadores del señor Ford fue nada menos Tomás Edison. Ford fue presentado a Edison como "el hombre que estaba tratando de fabricar un carro que funcionara con gasolina". Cuando Edison lo oyó, se le iluminó el rostro. Dio un puñetazo en su escritorio y exclamó:

"¡Lo tiene! Un carro que tiene su propia fuente de energía. ¡Eso es una brillante idea!"

Hasta ese momento Ford había tenido que tratar con muchas personas negativas. Estuvo a punto de darse por vencido, pero entonces viene Edison y le estimula la fe. Y ese fue un momento decisivo en la vida de Henry Ford. Él pensaba que tenía una buena idea, pero luego empezó a dudar. Hasta que una de las mentes más grandes que han existido le dio su total aprobación. Un simple voto de confianza ayudó a poner en marcha la industria automotriz.

No sabemos el poder que poseemos. No siempre nos damos cuenta lo que significa decirle a alguien que creemos en él o ella.

Otra manera en que podemos responder a nuestros críticos es recordando lo que el Señor ya ha hecho. Nehemías 4: 14 dice: "Después miré, y me levanté y dije a los nobles y a los oficiales, y al resto del pueblo: "No temáis delante de ellos; acordaos del Señor, grande y temible, y pelead por vuestros hermanos, por vuestros hijos y por vuestras hijas, por vuestras mujeres y por vuestra casa".

Nehemías se detuvo a recordar quién era el que lo había llevado a Jerusalén. Puede surgir la persecución, pero al recordar lo que Dios ha hecho vemos que hay un propósito que es más grande que cualquier oposición que encontremos. Es importante mantener viva nuestra fe, y fuerte nuestra voz y declaración de victoria, aun en medio de gran persecución.

Tenemos que creer en el poder de la visión. Ella es más grande que cualquier lengua negativa que pueda levantarse contra usted. Piense en la visión como una semilla. Sabemos que una semilla tiene que caer en tierra y morir, o permanecerá sola. Las semillas representan ciclos y nuevos comienzos. Piense en el ciclo del trigo. Cada grano nace primero en la espiga, luego la espiga es cortada. Una vez que es cortada se hacen manojos que se echan luego en un vagón y se llevan a la trilladora en donde se separa el grano de la cáscara. Los granos se ponen luego aparte y esperan el día en que serán plantados en la tierra para repetir el ciclo otra vez. Todo el proceso de una semilla implica siempre cierta clase de adversidad, por decirlo así, pero existe siempre la promesa de una cosecha al final. ¿Qué podemos aprender de la lección de la semilla? Que la persecución nos fortalece. Las pruebas revelan la fortaleza de la semilla que Dios ha plantado en nuestro corazón.

Nehemías tuvo este tiempo de remembranza no solamente para recordar quién fue el que lo llevó a Jerusalén sino para reconectarse interiormente con la visión que en un principio había cautivado su atención en Persia. Al hacerlo se estaba preparando a sí mismo para ser de nuevo proyector de una visión, para ayudar a otros a levantarse por encima de los críticos y seguir en procura de la visión que Dios les había dado.

Él les habló a los nobles, a los líderes, a quienes estaban en posiciones influyentes, y luego le habló al resto del pueblo. Note el efecto en escala. Sí los líderes no acogían la visión, si no volvían a fijar su atención en la obra de Dios, el resto del pueblo nunca lo haría. Su exhortación fue; "No teman. Acuérdense del Señor, grande y temible, y peleen por sus hermanos, por sus hijos y por sus hijas".

Miremos cada parte de la exhortación. En primer lugar les dijo que no tuvieran miedo. En la Palabra de Dios vemos que cada victoria importante que Dios concede, es precedida por un mensaje a sus hijos: "No teman". Primero tenemos que superar el temor y acordarnos de Dios quien es grande y temible. Tenemos que dejar de temer las circunstancias y las amenazas que nos rodean y estar conscientes de Aquel que nos llamó, quien puede guardarnos y preservar la semilla que fue plantada en nosotros.

Segundo, les dijo que lucharan. Una vez que nos hemos acordado del Señor, quien es Todopoderoso, podemos luchar por nuestros hermanos, nuestros hijos e hijas, nuestros esposos y nuestras familias. Si su visión involucra sólo una persona entonces no es de Dios. La visión de Dios siempre implica conectarse con la gente. Cuando vimos por primera vez a Nehemías, recién se había dado cuenta de una necesidad. Lloró cuando oyó de la destrucción de Jerusalén, que el muro había sido derribado y las puertas quemadas. La preocupación abrumó su corazón. No hay duda que pensó en los hijos, las hijas y las esposas de Jerusalén. Y en su corazón nació la visión de ayudar a esta gente a levantarse de su condición y reconstruir lo que había sido destruido. Esa era la visión que él proyectaría; una visión que beneficiaría a muchos en el pueblo de Dios.

Muchas veces cuando nuestros sueños están bajo fuego comenzamos a dudar respecto a lo que Dios nos ha llamado a hacer. Empezamos a pensar que quizás no tenemos las cualidades que la tarea demanda. Que tal vez estamos perdiendo el tiempo; que es posible que nadie nos acompañe. Estos son

Capítulo Catorce

los pensamientos que tenemos que dominar si es que hemos de seguir adelante. En su argumentación, Sanbalat mencionó algunas cosas que eran ciertas. Dijo que el muro no resistiría, que no sería lo suficientemente fuerte. Que no había suficiente gente para una empresa tan grande; que había muchos residuos del muro anterior destruido como para excavar sobre ellos. Estas eran razones válidas. Lo que estaba diciendo tenía lógica humana pero no necesariamente espiritual. Algunas personas bien intencionadas esgrimen argumentos válidos, pero no incluyen a Dios en la ecuación. Nehemías estaba respondiendo a lo que Dios había puesto en su corazón. La mayoría de las visiones divinas son algo imposible. La mayoría no pasaría un estudio de factibilidad. Pero solamente si no se tiene en cuenta a Dios en la ecuación.

Cuando Anne y yo fuimos llamados por el Señor para plantar la Iglesia Livingway Family en Brownsville, no hicimos un estudio de viabilidad. Ni hicimos una encuesta para ver quiénes estaban con nosotros. Empezamos por fe, quemamos todos los puentes de regreso y determinamos que de todos modos nos dedicaríamos totalmente a Dios. Para mucho de lo que fuimos llamados a hacer no teníamos ni la habilidad, ni la educación necesaria. Ni los recursos financieros para terminarlo. Pero nos dedicamos a recordar las maneras en que Dios había intervenido antes a nuestro favor.

Pienso en el caso de David que encontramos en 1 Samuel 17: 34-37. David se estaba preparando para entrar en batalla contra Goliat; un adversario mucho más grande que él. Mientras estuvo frente a Saúl, él empezó a recordar en voz alta todas las veces en que Dios estuvo antes con él cuando enfrentaba leones, osos y otras fieras mientras cuidaba las ovejas de su padre, y concluyó diciendo que así como Dios lo había librado de todos ellos, estaría también con él capacitándolo para vencer al gran gigante filisteo Goliat. Tal como lo hizo David, nosotros podemos obtener fuerza e ímpetu de pasadas victorias.

En una de nuestras recientes salidas a pescar, dos varones de la iglesia fueron con nosotros. Uno de ellos conocía el área mejor que yo, de modo que le permitimos ser nuestro guía y decidir dónde pescaríamos ese día. Cuando llegamos al sitio escogido, mi confianza se redujo al mínimo por cuanto no habíamos estado allí antes. Una variedad de pensamientos nublaron mi mente: *El lugar no es el apropiado. El agua está demasiado turbia. La carnada no es buena. El color de los señuelos es incorrecto.* Mientras daba lugar a estos pensamientos de repente el varón que nos guiaba enganchó el pez más grande que haya tenido en mi bote: un ejemplar de unas 35 libras de peso.

Es tan fácil criticar lo que no conocemos. Cuando nos encontramos en terreno desconocido nos sentimos incómodos y fuera de lugar. Es en estas situaciones donde nuestros críticos cobran vida. Cuando usted enfrenta lo desconocido, vuelva y lea las porciones bíblicas que el Señor le dio al comienzo de su jornada. A veces olvidamos nuestras raíces. Olvidamos de dónde nos trajo el Señor. Tenemos que volver y repasar las cosas que Dios nos ha dicho antes para poder seguir avanzando. En tiempos como estos debemos recordar al Señor que es grande y maravilloso.

La tercera cosa que el ejemplo de Nehemías nos enseña a hacer cuando enfrentamos la adversidad es revisar el plan. Considere las palabras de Nehemías 4: 9: "Entonces oramos a nuestro Dios y por causa de ellos pusimos guarda contra ellos de día y de noche". Hasta este tiempo de particular adversidad,

Nehemías y los judíos habían seguido un plan. Pero este cambio en las circunstancias hizo necesario un cambio en el plan. Obligó al pueblo de Dios a ser creativo y a adaptarse. Ahora establecerían una guardia. La visión no cambió, pero el plan tuvo que ser revisado.

Andar por fe no excluye el liderar con estrategia. Nehemías 4: 16-18 nos cuenta cuál fue la estrategia de Nehemías: "Desde aquel día la mitad de mis siervos trabajaba en la obra, y la otra mitad tenía lanzas, escudos, arcos y corazas; y detrás de ellos estaban los jefes de toda la casa de Judá. Los que edificaban en el muro, los que acarreaban, y los que cargaban, con una mano trabajaban en la obra, y en la otra mano tenían la espada. Porque los que edificaban, cada uno tenía su espada ceñida a sus lomos, y así edificaban; y el que tocaba la trompeta estaba junto a mí".

Eso es innovación en su mejor expresión. La visión de reconstruir el muro nunca cambió, pero el plan para realizar el trabajo evolucionó constantemente. Nehemías y quienes trabajaban con él cambiaron la estrategia pues ahora la mitad de la gente estaría usando las herramientas de construcción mientras que la otra mitad tendría en sus manos armas para la guerra. Una mitad mantendría a raya al enemigo mientras que la otra edificaría lo que Dios los llamó a edificar. Eso es administración innovadora. Nunca confunda los planes con la visión de Dios. Los planes pueden fallar, pero la visión no. Los planes son sencillamente medios para el cumplimiento de la visión. Es fácil perder de vista la visión cuando los planes fallan, pero solamente porque las situaciones cambien, no retroceda. Determine seguir avanzando y echar mano del plan de Dios para el momento. Mantenga su mente y sus emociones bajo control para evitar desviarse hacia la esfera de la incredulidad y la duda.

INNOVACIÓN

Hay ocasiones cuando las circunstancias exigen que un visionario se trague su orgullo y revise su plan inicial. Es triste que hay empresas que ya no existen y ministerios que están luchando por subsistir por causa de una palabra que empieza por "O". Su *orgullo* es demasiado grande y no les permite hacer un cambio. La necesidad de cambiar planes no indica un fracaso por parte del líder; es sencillamente una reacción en respuesta a circunstancias cambiantes. Los planes mejor elaborados muchas veces requieren una revisión.

Se ha dicho que cuando usted le pide a Dios un milagro, él le da instrucciones para que haga algo. Tal fue el caso con Nehemías. Él tenía que seguir la voz instructora de Dios. El Señor lo estaba usando para resolver un problema. Nehemías terminó el proyecto porque era un solucionador de problemas que poseía un espíritu innovador. En la vida, sus recompensas a menudo son determinadas por los problemas que usted resuelva para beneficio de otros.

Los enemigos de Nehemías trataron de frustrar los esfuerzos de reconstrucción amenazando con una acción militar. Inicialmente esta amenaza causó insurrección entre quienes trabajaban con él. Pero su perseverancia y su acción innovadora reenfocaron a la gente cuando él modificó el plan, lo que los hizo sentir más seguros en su ambiente. Cuando oraron y pusieron su vista en Dios y se les recordó en primer lugar por qué estaban reconstruyendo el muro, el proyecto pudo continuar.

¿Y qué ocurrió con los enemigos de Israel cuando el trabajo continuó? Nehemías 4: 15 nos dice: "Y cuando oyeron nuestros enemigos que lo habíamos entendido, y que Dios había desbaratado el consejo de ellos, nos volvimos todos al muro, cada uno a su tarea". El trabajo continuó. Los enemigos entendieron que Dios había desbaratado sus maquinaciones. Como puede ver, la visión se refina pero no cambia. El trabajo continuó de acuerdo con la visión que Dios le había dado a Nehemías.

Un líder exitoso seguirá el ejemplo de Nehemías al enfrentar la adversidad. Orará. Recordará lo que Dios ha hecho en el pasado. Revisará sus planes, si es necesario. Y entonces, tal como lo hizo Nehemías, continuará con éxito procurando la realización de la visión que el Señor puso en su corazón.

INNOVACIÓN

Capítulo Quince

Cielos abiertos

En su libro sobre la visión, Myles Munroe relata una historia acerca de Walt Disney. Poco después de que el parque Disneyworld abriera, había sólo un recorrido en el parque. Un día el señor Disney estaba sentado en una banca del parque, mirando hacia el espacio, o eso parecía. Uno de sus trabajadores que estaba recortando el pasto pasó y le preguntó:

"¿Cómo está usted, señor?"

Sin mirar al hombre, Disney contestó:

"Bien", –y siguió mirando.

El trabajador volvió a preguntar:

"Señor Disney, ¿qué está haciendo?"

"Estoy mirando mi montaña –respondió–. Veo la montaña justamente allá".

Más tarde Disney describió su montaña a sus arquitectos y ellos trazaron los planos basados en su visión.

Disney murió antes de que se terminara la Montaña del Espacio. Un día se dedicó el recorrido, y el gobernador y el alcalde estaban presentes, lo mismo que la viuda de Disney. Uno de los jóvenes que asistían a la dedicación se puso de pie para presentar a la señora Disney. "Es una pena que el señor Walt Disney no esté aquí hoy para ver esta montaña, pero nos complace que su esposa está aquí".

La señora Disney caminó hacia el podio, miró a la multitud y dijo: "De hecho debo corregir a este joven. Walt ya vio la montaña. Son ustedes los que hasta ahora la están viendo". Nunca subestime el poder de una visión para realizar grandes cosas.

Piense en este diálogo que ocurre entre Jesús y sus discípulos, el cual encontramos en Mateo 16: 13-19:

"Viniendo Jesús a la región de Cesarea de Filipo, preguntó a sus discípulos, diciendo: ¿Quién dicen los hombres que es el Hijo del Hombre?".

"Ellos dijeron: Unos, Juan el Bautista; otros, Elías; y otros, Jeremías, o alguno de los profetas".

"Él les dijo: Y vosotros, ¿quién decís que soy yo? Respondiendo Simón Pedro, dijo: Tú eres el Cristo, el Hijo del Dios viviente".

"Entonces le respondió Jesús: Bienaventurado eres, Simón, hijo de Jonás, porque no te lo reveló carne ni sangre, sino mi Padre que está en los cielos".

"Y yo también te digo, que tú eres Pedro, y sobre esta roca edificaré mi iglesia; y las puertas del Hades no prevalecerán contra ella".

"Y a ti te daré las llaves del reino de los cielos; y todo lo que atares en la tierra será atado en los cielos; y todo lo que desatares en la tierra será desatado en los cielos".

Muchas veces como líderes e innovadores tenemos la tendencia a fijar nuestra atención, no en quien tiene una revelación de lo que somos o que tiene la capacidad de afirmar nuestra habilidad o competencia para el liderazgo, sino en lo que otros no están diciendo. En ocasiones el silencio ensordece. No es la afirmación de uno sino el silencio de los otros once lo que afecta a muchos líderes. Especialmente como pastores a veces somos proclives a mirar a quienes no están con nosotros en vez de notar a quienes sí están; a quienes se quedan en casa y no a quienes llegan para mostrar su apoyo; a los que dan una ofrenda especial y no a los que lo dan todo. Tendemos a enfocarnos en quienes no dicen gracias durante la ofrenda de agradecimiento al pastor, en vez de fijarnos en quienes llegan y expresan su apoyo. El silencio de quienes no dicen nada, después de todo, ha paralizado los corazones de muchos líderes.

Dios puede hacer cosas maravillosas con tan solo uno que cree. Él empezó con un solo hombre: Adán, y dio existencia a toda la humanidad. Tomó a un hombre, Abraham, y aunque él y su esposa eran de edad avanzada, lo hizo padre de muchas naciones. Tomó a una prostituta llamada Rahab y la usó como aliada estratégica de Josué para conquistar a Jericó. En Juan 12 leemos el impacto que Lázaro tuvo sobre toda una ciudad. La gente oyó lo que Jesús hizo con él, y muchos creyeron. Ese es el poder de uno solo. Pedro habló la revelación que Dios le había dado: que Jesús era el Cristo, y Jesús le dijo que por causa de su confesión –la confesión de uno– recibiría las llaves del reino. Nunca subestime el poder de una vida, de una revelación, de una confesión. Dios abrirá los cielos tan solo por uno.

Dios hizo que los cielos se abrieran para Jacob. En Génesis 28: 10-22 vemos a Jacob detenerse en la noche en Betel y reclinar su cabeza sobre una piedra, cansado y hambriento. Cuando dormía tuvo una visión de ángeles que subían y bajaban por una escalera que llegaba al cielo, y oyó la voz de Dios. Jacob se dio cuenta que había tenido una vislumbre de los cielos, y erigió un monumento para recordación del lugar donde el Señor los había abierto tan sólo para él.

Los cielos se abrieron para Enoc y fue llevado a casa para estar con Dios porque había caminado con él en justicia (Génesis 5: 24). Elías vio abrirse los cielos y fue llevado a ellos por un carro de fuego porque la unción estaba sobre él (2 Reyes 2: 11). El apóstol Pablo nos cuenta que él fue llevado al tercer cielo y vio cosas que no le era permitido expresar (2 Corintios 12: 3-6). Los cielos se abrieron para él por causa de su fidelidad. Juan estaba en el Espíritu en el día del Señor cuando los cielos se abrieron y le fue dada una visión de los últimos tiempos (Apocalipsis 1)

Miremos este relato acerca de los primeros creyentes que se encuentra en Hechos 4: 32-33: "Y la multitud de los que habían creído era de un corazón y un alma; y ninguno decía ser suyo propio lo que poseía, sino que tenían todas las cosas en común. Y con gran poder los apóstoles daban testimonio de la resurrección del Señor Jesús, y abundante gracia era sobre todos ellos".

Los creyentes experimentaron poder y gracia por causa de su respuesta a Dios. Su acción de dar abrió los cielos.

La gracia de Dios nos da poder para hacer cosas que superan nuestra capacidad natural. *Carateo*, la palabra griega traducida como favor, significa ser atraído. La posición de nuestro corazón determina la medida del favor y la gracia que recibimos. Debemos posicionarnos de tal manera que podamos ser atraídos hacia Dios y experimentar su gracia. La voz de Dios nos dice cuál camino seguir para que podamos estar en posición de recibir su provisión sobrenatural.

La gracia fluye por medio de nuestra conexión con Jesucristo, y la fortaleza de esa conexión es determinada por nuestra obediencia a Dios. Romanos 5: 17 declara que al caminar en su justicia en plena obediencia al Padre, recibimos abundante gracia mediante nuestro Señor Jesucristo. Por medio de él reinamos en vida como reyes.

Finis Dake, dijo: "He aquí la verdadera observancia del amor Cristiano: vivir solamente para otros y no para nosotros mismos". Al amar a Dios y amar a los demás abrimos literalmente las ventanas de los cielos. Recuerde que los innovadores están siempre interesados en incluir a otros en el desarrollo de la visión. Dios nos da un corazón compasivo para acompañar la visión que implanta en nuestro corazón.

Piense en el ejemplo de Bernabé relatado en Hechos 4: 36-37: "Entonces José, a quien los apóstoles pusieron por sobrenombre Bernabé (que traducido es Hijo de consolación), levita, natural de Chipre, como tenía una heredad, la vendió y trajo el precio y lo puso a los pies de los apóstoles".

No fue por accidente que la Iglesia de los primeros discípulos escogiera a José, un hombre natural de Chipre, el que muchos creen que se convirtió el día de Pentecostés cuando el apóstol Pedro predicó el evangelio y 3.000 personas fueron salvadas para el reino de Dios. Bernabé fue aceptado en la iglesia y encontró su identidad en la comunión con otros individuos piadosos. Ellos lo llamaron apropiadamente "hijo de consolación" porque constantemente animaba a otros con sus dones. Su vida se convirtió en un torrente de estímulo al dar lo que tenía para el beneficio de otros.

Dios nos ha llamado a ser solucionadores de problemas. Generalmente lo que nos enfurece interiormente es sólo un problema que Dios espera que nosotros resolvamos. Esas cosas que nos afectan fuertemente a menudo pueden ser buenos indicadores de la tarea que Dios nos ha asignado en la tierra. Dios nos ha llamado a innovar para que otros sean liberados. Espera que aliviemos el dolor mediante nuestros actos de obediencia. Nos llama a sembrar semillas en el reino de Dios sistemáticamente siendo dadores en nuestra iglesia local. Al hacer estas cosas con fidelidad, las ventanas de los cielos se abren sobre nosotros para que podamos comunicar discernimiento que produzca una mayor bendición.

Las ventanas de los cielos se abren en la medida en que damos nuestros recursos y nos damos a nosotros mismos. La lluvia espiritual cae sobre nuestra vida. Cuando hablamos de ventanas abiertas solemos enfocar nuestra atención en bendiciones materiales. Y es cierto que Dios puede bendecirnos con todo lo que necesitamos físicamente, pero no limite a Dios al pensar simplemente en la provisión material. La moneda del cielo es revelación. Cuando Dios abre las ventanas de los cielos derrama revelación para la innovación, para que su pueblo pueda estar en la vanguardia y vivir con toda la plenitud que él tiene para nosotros. La revelación es lo que produce transformación y la manifestación del poder de Dios en nuestra vida.

Cuando vivimos bajo cielos abiertos usted tiene acceso a verdades que otros no pueden imaginar. Verdades que como la confesión de Pedro de que Jesús es el Cristo, "no las puede revelar ningún mortal" ni "conocerse por medios humanos, sino por revelación del Padre que está en los cielos" (Mateo 16:17 NVI y DHH). Dios reveló esa verdad a Pedro. Entendemos que mientras más nos sometemos a Dios, el Espíritu de verdad puede morar en nosotros y hacernos libres. Y mientras más nos revela el Espíritu de verdad la verdadera naturaleza de Dios, más fácil se hace someternos a su liderazgo. Es un hermoso ciclo que puede cambiar nuestro destino para siempre.

En Números leemos que Moisés envió espías a Canaán. Esta era una buena tierra de abundancia y prosperidad. Moisés envió estos espías con instrucciones de reconocer detalladamente la tierra. Cuando los espías regresaron, trajeron un mal informe: Números 13: 33 nos cuenta el informe de la mayoría de espías:

"También vimos allí gigantes, hijos de Anac, raza de los gigantes, y éramos nosotros, a nuestro parecer, como langostas; y así les parecíamos a ellos".

Basados en los informes de estos espías los hijos de Israel decidieron no entrar a Canaán y en cambio pasaron muchos años vagando en el desierto. Pasan cuarenta años y ahora Josué es el líder tras la muerte de Moisés. Llegan al borde de la Tierra Prometida y Josué envía espías para evaluar la situación. En Josué 2: 23-24 vemos que estos espías regresaron con un informe completamente diferente. Le dijeron a Josué: "El Señor ha entregado toda la tierra en nuestras manos; y también todos los moradores del país desmayan delante de nosotros". Josué guía al pueblo a Canaán e inmediatamente toman la ciudad de Jericó, en su marcha hacia la conquista de toda la Tierra Prometida.

¿Qué podemos aprender de estos dos ejemplos? Que los innovadores hacen su propia investigación pero siempre ven sus resultados con divino optimismo. Nunca lo olvide: es cómo ve usted la tierra –no cómo la ven los demás– lo que determina su potencial para tomarla. La forma de verla de los espías determinó todo acerca de su futuro. De igual manera importa poco cómo el enemigo lo ve a usted; su éxito en la batalla lo determina cómo ve usted a su enemigo. Mediante el poder de la visión podemos reducir a nuestro enemigo a su tamaño real. Si miramos las cosas con los ojos de Dios, como Dios las ve, podemos encoger a nuestros gigantes y remover cualquier montaña que intente atravesarse en nuestro camino.

En 1 Samuel 30, David y sus poderosos guerreros recién regresaban de la guerra, a su hogar en Siclag. Cuando llegaron se encontraron con que la ciudad había sido quemada y sus familias habían sido tomadas cautivas. Parecía que habían perdido lo que para ellos era lo más preciado: sus esposas, sus hijos. Quizás usted, como muchos otros, está leyendo este libro desesperado porque le han quitado lo que más quiere, y por más que trata, no sabe cómo recuperarlo. La Biblia nos dice que cuando David enfrentó esta situación, pidió el efod, que es una prenda sacerdotal. Entonces empezó a buscar al Señor aunque tenía el corazón partido. Y en el caso suyo, el primer paso para su recuperación es el mismo: empiece a buscar el rostro de Dios. Cuando David clamó al Señor, él le respondió. Cuando usted empiece a buscar a Dios para que le abra las ventanas de los cielos, éstas se abrirán y Dios intervendrá en su situación.

Cuando David buscó al Señor con alabanza Dios le dijo que persiguiera a sus enemigos. El Señor le aseguró que los derrotaría y recuperaría todo lo que se habían llevado. Pero muchas veces cuando recibimos una palabra de parte de Dios, nos sentamos en vez de actuar. El Señor le dijo a David que los persiguiera. Él no sabía exactamente qué dirección tomar, pero organizó un grupo de hombres que lo acompañaran en esa jornada. Doscientos estaban demasiado cansados de batallas anteriores, pero cuatrocientos fueron con él. Es maravilloso cómo el movimiento causa momentos de entusiasmo e impulso espiritual. Nada sucede hasta que decidimos ponernos en movimiento en respuesta al mandato de Dios. Cuando empezamos a actuar –sembrando una semilla, haciendo una llamada telefónica, dando un paso de obediencia, siguiendo adelante en medio de la adversidad, asistiendo a la iglesia y ayudando a otros– Dios se involucra en nuestro proceso.

El relato bíblico en 1 Samuel 30: 11-12, nos dice: "Y hallaron en el campo a un hombre egipcio, el cual trajeron a David, y le dieron pan, y comió, y le dieron a beber agua. Le dieron también un pedazo de masa de higos secos y dos racimos de pasas. Y luego que comió, volvió en él su espíritu, porque no había comido pan ni bebido agua en tres días y tres noches".

Algunos de ustedes que leen estas páginas tienen que encontrar todavía a su egipcio, pero créanme, Dios ha ubicado alguno en su camino. Si usted responde con obediencia a Dios, en algún punto y momento de su vida encontrará su propio egipcio que lo llevará al lugar donde podrá recuperar lo que ha perdido. Este egipcio representó para David una oportunidad. David tuvo la oportunidad de tratar a este hombre con amabilidad y cuidar de sus necesidades. Pudo haberlo visto como enemigo. Pudo haberlo acusado de encender el fósforo que puso fuego a sus casas, de haber sido el que contribuyó a secuestrar a su familia y a las familias de sus hombres, pero no fue esa la manera en que David actuó.

Cuando David y sus hombres ministraron a las necesidades de este varón egipcio, las ventanas de los cielos se abrieron. El hombre les suministró lo que podríamos llamar "información clasificada" que les ayudaría a recuperar a sus familias de manos de los amalecitas. Primero de Samuel 30: 18-19 nos cuenta: "Y libró David todo lo que los amalecitas habían tomado, y asimismo libertó David a sus dos mujeres. Y no les faltó cosa alguna, ni grande ni chica, así de hijos como de hijas, del robo, y de todas las cosas que les habían tomado; todo lo recuperó David".

Tenemos la oportunidad de sembrar una semilla en la vida de otros, de ser bendecidos mediante un acto de obediencia.

Dios quiere que usted recupere hoy todo lo que ha perdido. Él quiere abrir los cielos. Se nos dice que no les faltó nada; David y sus hombres lo recuperaron todo. Cuando usted sigue a Dios obedientemente y vive bajo un cielo abierto, nada le faltará en la vida: ni en su familia, ni en su trabajo, ni en sus relaciones. Nada se perderá porque usted está siguiendo el plan de Dios para su vida.

Escuché la historia de un joven que recibió su licencia de conducir, y ese verano empezó a pedirles a sus padres que le compraran un carro. No importaba qué carro. Para muchos de nosotros, si nuestro primer auto hubiera sido sólo una cajita con ruedas, gustosos la hubiéramos aceptado. Este muchacho sencillamente quería un carro.

Comenzó a importunar a su papá todos los días preguntándole cuándo tendría su auto. Entonces el papá le dijo:

"Quiero que te lleves este libro y lo leas. Cuando lo hayas leído, regresa y hablaremos de tu carro".

El joven tiró el libro sobre su mesita de noche. Una semana después volvió a preguntarle al papá si podían hablar de su carro.

"¿Ya leíste el libro?"

"No, pero lo miré" –respondió el muchacho.

"Bueno, cuando lo hayas leído, hablaremos de tu auto" –volvió a decir el papá.

Pasó otra semana y el joven continuó preguntando sobre la compra de su carro. Y el papá otra vez preguntó:

"¿Leíste el libro?"

"Bueno, lo abrí, le eché un vistazo, tiene páginas y palabras".

"Cuando leas el libro hablaré contigo acerca del carro" –volvió a decir el padre.

Finalmente el verano estaba ya casi por terminar y el joven desesperado, dijo:

"Papá, por favor. ¿Cuándo voy a tener mi carro?"

"Sé que obviamente tú no has leído el libro –dijo entonces el padre–. Vé por él y tráemelo de inmediato".

Capítulo Quince

Cuando el joven le entregó el libro a su papá, éste lo abrió al final de sus páginas en donde había escrito un párrafo.

"Lee esto" –le dijo el papá

El joven leyó entonces lo que su padre había escrito:

"Hijo, tu mamá y yo te compramos un carro. Las llaves están en mi bolsillo. El carro está estacionado donde el vecino. Gracias por ser obediente y leer el libro, tal como te lo pedí".

Lo irónico del caso es que el joven desperdició todo ese verano porque no obedeció las instrucciones de su padre en cuanto a leer el libro. ¿Cuánto de nuestra vida se ha desperdiciado por nuestra renuencia a obedecer las instrucciones de Dios? La obediencia nuestra abre los cielos sobre nuestro trabajo, sobre nuestra familia, nuestra iglesia, nuestro ministerio, nuestros hijos, y así sobre muchas áreas más. Una bendición no imaginada está justamente a una distancia de un acto de obediencia. Abra los cielos y haga que llueva.

INNOVACIÓN

Capítulo Dieciséis

Favor para el momento

A veces miramos a las personas que son supremamente talentosas en ciertas áreas tales como los deportes, la música o la actuación, o tal vez que tienen talento en el campo de la educación o los negocios, y nos preguntamos cómo es que hacen para que lo realizado por ellas sea hecho al parecer sin esfuerzo. El distintivo de un hombre o una mujer que tienen favor en su vida es que son capaces de hacer con facilidad lo que Dios los llamó a hacer, porque el favor hace todo más fácil.

Segunda de Corintios 6: 2, dice: "En tiempo aceptable te he oído, y en día de salvación te he socorrido. He aquí ahora el tiempo aceptable; he aquí ahora el día de salvación".

Como innovadores ungidos por Dios, debemos creer que el favor de Dios está sobre nosotros. El favor de Dios nos hace irresistibles. Este pasaje bíblico nos deja en claro que ahora es el tiempo del favor de Dios. Una visitación de favor precede a una visitación de salvación, lo cual significa que hoy es el día de salvación.

Mire este diálogo entre María y el ángel, el cual se encuentra en Lucas 1: 28-30: NVI "El ángel se acercó a ella y le dijo:

¡Te saludo, tú que has recibido el favor de Dios! El Señor está contigo.

Ante estas palabras María se perturbó, y se preguntaba qué podría significar este saludo.

INNOVACIÓN

"No tengas miedo, María; Dios te ha concedido su favor" –le dijo el ángel–.

No se sorprenda por la declaración del favor de Dios sobre su vida. Todo comienza con la aceptación de su bendición. ¿Sabe que usted es singularmente bendecido por Dios? Dirá usted: "Bueno, yo no me siento bendecido". Quienes no tienen en cuenta sus bendiciones tienen la tendencia de juzgarse a sí mismos a la luz o con la medida de las bendiciones de otros. Las comparaciones siempre conducen a engaño. Si usted se pudo levantar esta mañana, es bendecido. Si tuvo un techo que lo cobijara, es bendecido. Si puso sus dos pies en el suelo y pudo caminar, es bendecido. Si tuvo un trabajo hoy, es bendecido. Si tiene nariz para percibir el aroma de las galletas de chocolate en el horno, es bendecido.

Marcos, nuestro hijo de en medio, vive en Austin. Cuando él viene a visitarnos, el aroma de las galletas de chocolate satura toda la casa. Cuando pienso en galletas de chocolate, pienso en Marcos, y cuando recuerdo a Marcos recuerdo cuan bendecida soy. Somos gente bendecida. A veces fallamos al no contar las pequeñas bendiciones, pero si lo hiciéramos nos daríamos cuenta de cuan bendecidos somos realmente. La bendición de Dios está sobre cada uno de nosotros.

A veces esperamos ser rechazados. No debe ser así. El favor de Dios está sobre su vida, y si Dios es por nosotros, ¿quién contra nosotros? Nada es imposible para Dios.

Recientemente nuestra Iglesia quiso poner un aviso en una parada de buses frente al centro comercial local. Antes de averiguar, me sentí derrotado. Supuse que debido a la buena ubicación del tablero, no estaría disponible. Incluso pensé: *No sé por qué estoy llamando porque sé que alguien ya ha reservado ese espacio*. Tuve que vencer mi certeza de rechazo y recordar en cambio el favor de Dios. Cuando lo hice pude llamar y descubrir que en efecto estaba disponible. Ese llegó a ser uno de los mejores tipos de publicidad que hemos hecho porque todos los que visitaban el centro comercial podían ver el aviso y recibir información actualizada de nuestra iglesia.

Tenemos que empezar a esperar que el favor de Dios abunde en nuestra vida, y rechazar los sentimientos de incompetencia que el enemigo nos infunde. Tal vez usted ha oído la historia de Sam y el pato. Cuando Sam tenía once años, a él y a su hermana les encantaba visitar a sus abuelos. Mientras estaba en casa de sus abuelos en el campo, Sam salía con su rifle y le disparaba a latas vacías. Un día regresaba a la casa para almorzar y divisó en el estanque al pato de su abuela. Pensando que tal vez nunca le acertaría con su rifle y sólo por diversión le apuntó y disparó. Y para su disgusto le dio en la cabeza y mató al viejo pato de la abuela. Miró para todos lados y aparentemente nadie había visto lo ocurrido. Rápidamente Sam sacó el pato del agua, lo enterró y entró luego a la casa para almorzar.

Sam tenía un tremendo sentimiento de culpa, pero eso no era lo peor. Resultó que su hermana había visto la muerte y sepultura del pato, y le dijo que ella sabía lo que había hecho. Cuando se terminó el almuerzo y era tiempo de lavar los platos y hacer las demás tareas, la abuela llamó a Susy, la hermana de Sam, para que lo hiciera. "Oh no, abuela. Sam quiere lavar los platos y sacar la basura hoy" –contestó. Mientras que a su hermano le dijo: "Recuerda al pato". En silencio Sam se fue a lavar platos y Susy a jugar afuera.

Para el día siguiente el abuelo planeó una salida a pescar. Le preguntó a Sam si estaba listo para ir, pero Susy dijo: "Abuelo,

Sam decidió que se quedará en casa hoy con la abuela y que yo vaya contigo a pescar". Al pasar por el lado de su hermano le susurró: "Recuerda al pato".

Más tarde esa noche Sam no pudo soportarlo más. Irrumpió en la cocina donde estaba la abuela lavando los platos y le dijo:

"Abuela, tengo que confesar algo. Yo le apunté a tu pato y aunque pensaba que no le acertaría con mi rifle, accidentalmente maté al viejo pato".

"No te preocupes –le dijo la abuela–. Yo lo vi todo por la ventana de la cocina. Lo que me preguntaba era cuánto tiempo más ibas a permitirle a tu hermana que te extorsionara con eso". Muchas veces nosotros vamos por la vida como Sam, permitiendo que el enemigo nos extorsione. Pero en vez de eso debemos implorar el perdón, la misericordia y el favor de Dios, y seguir adelante con nuestra vida. Lucas 2: 52 NVI dice: "Jesús siguió creciendo en sabiduría y estatura, y cada vez más gozaba del favor de Dios y de toda la gente".

Este pasaje bíblico parece indicar que el favor de Dios en nosotros puede crecer o aumentar. De igual manera, si continuamos desobedeciendo podemos perder su favor. Considere el ejemplo del rey Saúl. Él comenzó su reinado con el favor de Dios pero por su repetida desobediencia llegó a un punto en el que perdió ese favor y finalmente su posición como rey. Daniel, por el contrario, disfrutó un favor excepcional durante toda su vida porque obedeció y porque tenía un espíritu extraordinario. Su espíritu también puede llegar a ser extraordinario con la inundación de la presencia y la gloria de Dios.

El favor es evidencia de que Dios gusta de nosotros. No me mal entienda: Dios ama a toda la humanidad. Juan 3: 16 nos recuerda que de tal manera amó Dios al mundo que dio a su Hijo por él. Dios ama al pecador pero a sus ojos tenemos favor. Considere estas palabras de Efesios 2: 7-8 DHH: "Hizo esto para demostrar en los tiempos futuros su generosidad y su bondad para con nosotros en Cristo Jesús. Pues por la bondad de Dios han recibido ustedes la salvación por medio de la fe. No es esto algo que ustedes mismos hayan conseguido, sino que es un don de Dios".

El favor de Dios es un don, un regalo que se nos ha dado. El favor de Dios se muestra en las riquezas de su gentileza y bondad hacia nosotros, lo que él ha demostrado a través de los siglos. Es mucho más que sólo la salvación de nuestras almas o el perdón de nuestros pecados; el extraordinario amor de Dios hacia nosotros también incluye las ilimitadas e insuperables riquezas de su bondad y misericordia. En ocasiones Dios nos bendice en maneras sencillas para demostrar el hecho de que piensa en nosotros.

Hace poco estaba yo pensando en un artista cristiano en particular cuya música no había escuchado por largo tiempo. Tuve algunos CDs suyos pero todos se me perdieron. No había pasado mucho tiempo de esta recordación cuando alguien en mi iglesia —que no tenía la menor idea de lo que yo había estado pensando— vino y me trajo tres de los CDs de ese artista. Y yo pensé: *¡Qué demostración del amor de Dios!* El Señor estuvo pensando en mí y en la manera de bendecirme sin que yo se lo pidiera.

Si constantemente estamos recordando lo que no está bien en vuestra vida y recordándole a Dios todos los problemas que estamos sufriendo, eso no lo acercará más a nosotros. De hecho esa continua quejumbre es incredulidad. Pero cuando hacemos memoria de la Palabra de Dios y le recordamos a él lo que ha dicho, eso le produce alegría. A él le encanta oírnos hablar su

INNOVACIÓN

Palabra, le gusta que sus hijos reclamen sus promesas. Eso nos acarrea su favor.

Si usted es papá o mamá, no querrá que sus hijos constantemente le recuerden que debe ir a la tienda y comprar lo que necesitan para sus tareas escolares. Si ellos le recuerdan continuamente sus necesidades usted es propenso a reaccionar negativamente. Pero si le piden lo que requieren y luego están tranquilos sabiendo que les dará lo que necesitan, su actitud será completamente diferente. Cuando expresan su petición de manera apropiada y con la actitud correcta, es extraordinario cómo eso lo acerca a ellos y lo compromete a suplir sus necesidades. Eso hace que usted les provea. Y si nosotros, como padres humanos imperfectos, sentimos de esa manera, ¿cuánto más proveerá Dios para sus hijos? Él tiene el corazón de Padre perfecto. Él oye cuando lo llamamos y responde a quienes recuerdan sus promesas y se las repiten confiados.

Hay grande poder en una bendición. En los hogares judíos ortodoxos, los viernes por la tarde el padre pone sus manos sobre sus hijos y pronuncia la bendición de Dios sobre ellos. ¡Con razón los hijos judíos crecen para ser exitosos en la vida! Los judíos se han convertido en los mejores inventores, banqueros, músicos y artistas del mundo. Aunque son una raza minoritaria han producido una asombrosa cantidad de ganadores de los Premios Nobel. Yo creo que es porque bendicen a sus hijos de la misma manera que lo hacían los patriarcas del Antiguo Testamento. Abraham, Isaac y Jacob derramaron la bendición de Dios sobre sus hijos imponiendo las manos sobre ellos y pronunciado bendiciones (Génesis 27: 49).

En el Nuevo Testamento los apóstoles pronunciaron bendiciones sobre las iglesias en las cuales ministraban y sobre los creyentes que estaban con ellos. Sobre la iglesia en Filipo, el apóstol Pablo declaró: "Así que mi Dios les proveerá de todo lo que necesiten, conforme a las gloriosas riquezas que tiene en Cristo Jesús". (Filipenses 4: 19 NVI). Y el apóstol Juan pronunció una poderosa bendición sobre su amigo Gayo cuando dijo: "Amado, yo deseo que tú seas prosperado en todas las cosas, y que tengas salud, así como prospera tu alma" (3 Juan 1: 2).

Quienes gozan del favor de Dios deben declaralo diariamente. Cada día debemos usar nuestra boca para declarar el favor de Dios sobre nuestra vida. Debemos declarar cielos abiertos sobre nuestras familias y sobre nosotros mismos. Debemos declarar que todas nuestras deudas son canceladas. Que la maldición se ha roto. Que nuestros hijos son salvados, sanados y llenos por el poder de la sangre de Jesús. Debemos entender que la vida y la muerte están en el poder de nuestra lengua, y que las bendiciones se obtienen y se ejecutan a través de la palabra hablada (Proverbios 18: 21).

No podemos guardar silencio cuando se trata de declarar la bendición de Dios sobre nuestra vida. Andar con favor implica comprender primero la bendición singular que mora en usted. Entender que la Palabra de Dios dice que hemos sido bendecidos con toda bendición espiritual en Cristo Jesús (Efesios 1: 3). Algunas personas no se ven a sí mismas como bendecidas. Pero en realidad no alcanzamos a darnos cuenta de lo bendecidos que somos hasta que nos detenemos y evaluamos nuestras bendiciones. No debemos callarnos en cuanto al favor de Dios en nosotros. Debemos hablar para tener vida.

Bill y su esposa iban a la feria del estado todos los años. Cada año Bill decía: "Blanche, me gustaría dar un paseo en ese helicóptero", a lo cual Blanche respondía: "Yo lo sé, Bill, pero ese paseo cuesta cincuenta dólares, y cincuenta dólares son cincuenta dólares".

Un año Bill y Blanche fueron a la feria y Bill dijo:

"Blanche, tengo 75 años de edad. Si no doy ese paseo en helicóptero ahora, quizás nunca tenga otra oportunidad de hacerlo".

"Bill, –respondió Blanche–, recuerda que son cincuenta dólares, y cincuenta dólares son cincuenta dólares".

El piloto alcanzó a oír lo que hablaba la pareja, y les dijo:

"Amigos, voy a hacer un trato con ustedes. Los voy a llevar a los dos a dar un paseo completo en mi helicóptero si ustedes pueden permanecer callados durante todo el trayecto y no dicen ni una palabra. No les cobraré nada, pero si dicen siquiera una palabra, ¡son cincuenta dólares!"

Bill y Blanche aceptaron, y a volar se dijo. El piloto hizo toda clase de piruetas pero no se escuchó ni una palabra. Realizó todos los trucos más atrevidos una y otra vez pero aun así no se escuchó palabra alguna. Cuando aterrizaron, el hombre se dirigió a Bill y le dijo:

"Mire usted. Hice todo lo que pude para hacerlo gritar, pero no pude. Estoy impresionado".

"Bueno –replicó Bill–, a decir verdad casi grito cuando Blanche se cayó. Pero usted sabe, cincuenta dólares son cincuenta dólares".

Cuando del favor de Dios se trata, no podemos quedarnos callados. Tenemos que hablar la revelación que hemos recibido si es que esperamos que ella se manifieste. Hay una secuencia en la manifestación. A la revelación sigue la iluminación. La iluminación conduce a la transformación. Y la transformación lleva a la manifestación de la bendición en nuestra vida.

Capítulo Diecisiete

El favor es el que nos eleva

La historia de la Reina Ester es un clásico ejemplo de cómo el favor de Dios le da distinción a una vida. Ester era una joven judía que vivía en Persia durante el reinado del Rey Jerjes. Jerjes estaba buscando una nueva reina y ella fue una de las jóvenes que llevaron al palacio como candidata. Leamos su historia en Ester 2: 17: "Y el rey amó a Ester más que a las otras mujeres, y halló ella gracia y benevolencia delante de él más que todas las demás vírgenes; y puso la corona real en su cabeza, y la hizo reina en lugar de Vasti".

No importa cuántas personas hay en su vida que le odian o menosprecian; cuando el favor de Dios está sobre usted, él lo destaca entre sus compañeros o colegas. El favor es el músculo extra que necesitamos para realizar lo que el Señor ha puesto en nuestro corazón. El favor hará que andemos en la plenitud del potencial de la unción de Dios en nosotros. Ester era una huérfana que vivía en una tierra extraña con su tío Mardoqueo. Pero Dios usó a Mardoqueo como un mentor en la vida de Ester. Mardoqueo fue quien ayudó a Ester a preparase para su experiencia en el palacio real. Él no vio en dónde estaba Ester sino hacia dónde iba. Él tenía para ella una visión de grandeza, así como Dios tiene una visión de grandeza para nosotros. Y así como Mardoqueo ayudó a Ester, el Espíritu Santo obra en nuestra vida para recordarnos nuestro lugar y nuestra posición ante Dios.

INNOVACIÓN

Cuando Ester y las otras jóvenes llegaron al palacio, fueron sometidas durante un año a tratamientos de belleza. Las maquillaron, las purificaron y las alistaron para su encuentro con el rey. Ester permitió este procedimiento de alistamiento y obtuvo el favor del rey. Todos nosotros estamos procurando acceso. Aun los extraños pueden llegar a ser íntimos cuando el favor de Dios está sobre su vida.

En ocasiones obtener favor implica un proceso de estudio y análisis. Dios le dio a Ester la sabiduría para ubicarse en la posición de recibir favor. Ella tenía el mismo espíritu innovador que Dios da a todos los que invocan su nombre. Tal como lo vemos en el caso de Daniel, Ester tenía un espíritu extraordinario. Todo en nuestra vida sigue a nuestro espíritu. Nuestro cuerpo, nuestras finanzas, nuestra creatividad: todas estas cosas siguen al espíritu. El estado de nuestro espíritu determina qué tan lejos nos llevará el favor de Dios que hay en nosotros. Ester sobrepasó a todas las demás, no porque hiciera más sino porque ella era más.

Pero también sabemos que ella no fue elevada a esta posición sin haber razón alguna. Como podrá ver, en el proceso Mardoqueo ofendió a Amán, uno de los más importantes cortesanos del reino cuando rehusó postrarse ante él. Amán estaba tan furioso que convenció al rey que emitiera un decreto de que todos los judíos fueran destruidos. Cuando Mardoqueo se dio cuenta del complot, supo que tenía que decírselo a Ester. Al principio ella no estaba segura de qué podría hacer para cambiar el curso de los acontecimientos. Cualquiera que se aproximara al rey sin su invitación podía enfrentar la muerte, y el rey no la había invitado a su presencia por algún tiempo. Pero Mardoqueo le recordó que ella tenía obligación de hacer algo por causa del favor que Dios le había mostrado. En Ester 4: 14 leemos sus palabras: "¿Y quién sabe si para esta hora has llegado al reino?" El favor tiene que ver con ubicación estratégica. El favor de Dios nos ubica donde podamos hacer el mayor bien a la gente que Dios nos ha asignado.

El plan de Amán de destruir a los judíos todavía estaba en curso y preparó una horca en la cual planeaba colgar a Mardoqueo y a otros más. Aun sabiendo que esto podía significar su muerte, Ester osadamente solicitó una audiencia al rey. Éste le dio la bienvenida a su presencia y cuando ella le contó el horrible complot, el rey cambio su actitud con Amán y lo hizo colgar en la misma horca que él había preparado para sus enemigos los judíos. Ester obtuvo el favor del rey y en el proceso salvó a una nación.

Dios reveló su grandeza al posicionar a Ester donde pudiera recibir favor. Nosotros también estamos en posición de recibir favor para ver la acción de la poderosa mano de Dios. Considere estas palabras del Salmo 102: 13 y 16: "Te levantarás y tendrás misericordia de Sion, porque es tiempo de tener misericordia de ella, porque el plazo ha llegado. Por cuanto el Señor habrá edificado a Sion, y en su gloria será visto".

Dios edifica su Iglesia con favor. Somos el cuerpo de Cristo. Dios edifica nuestra vida y nos posiciona para recibir revelaciones de su grandeza. En cada etapa de nuestra jornada Dios revela su favor, su bondad y su misericordia para fortalecernos a lo largo del camino.

Se ha dicho que favor es lo que ocurre cuando la preparación se encuentra con la oportunidad. Ester había preparado su corazón para este momento. Ella, igual que muchos de nosotros, no estaba consciente de la plenitud del favor de Dios que había en su vida. Es favor que abre puertas, cambia los corazones de reyes y salva naciones. No me mal entienda. Tener el favor de Dios no significa que todos gustarán de usted; solamente las personas que son decisivas para abrir las puertas del destino de su vida. Su destino no está en manos humanas. Está en las manos de Dios quien puede abrir puertas con las personas adecuadas que le den entrada a la oportunidad y a la bendición.

El rey David tuvo el favor de las personas a quienes él necesitaba, aunque era un joven desconocido y olvidado, pastor de ovejas en casa de su padre. Cuando Samuel fue a la casa de Isaí para ungir al próximo rey de Israel, estuvo inclinado a elegir a uno de sus hermanos mayores. Pero Dios le habló y le recordó que él había escogido a alguien diferente. El profeta pidió a Isaí que sacara a su hijo menor del anonimato para él poder ungirlo y separarlo, porque el favor de Dios estaba sobre su vida. Usted no tiene que ser el más grande o el más poderoso; sólo necesita la fuerza del favor de Dios en su vida.

Daniel fue favorecido por las administraciones de Nabucodonosor, de Darío y de Ciro el persa. La Biblia nos dice en Daniel 6: 28 que él prosperó. José fue favorecido en la casa de Potifar. Moisés fue favorecido delante de Faraón. Mardoqueo experimentó el favor del rey y fue llevado desde encima de un montón de ceniza para recibir homenaje público vistiendo el manto real y cabalgando en el caballo de guerra del rey a través de toda la ciudad. El favor de Dios puede restaurar en un día lo que fue robado durante toda una vida. El Salmo 5: 12, dice: "Porque tú, oh Señor, bendecirás al justo; como un escudo lo rodearás de tu favor".

Recuerdo el testimonio de una pareja en nuestra iglesia. El esposo había estado desempleado por un largo tiempo, pero cuando oyeron el mensaje del favor de Dios y de cómo el diezmo y la obediencia atraen su favor, decidieron permanecer obedientes durante esos tiempos difíciles. Nos contaron luego que Dios cambió sus circunstancias en el lapso de una semana. Obtuvieron no solamente un empleo sino también un bono para asistencia de salud. Llegaron a un arreglo que se había retardado por meses, la casa que durante meses no habían podido tomar en arriendo quedó disponible y encontraron una transferencia electrónica que ya habían olvidado totalmente. El favor de Dios puede cambiar radicalmente su vida en un solo día.

El favor de Dios es ese ingrediente oculto que solemos ignorar en las luchas de nuestra vida. El Salmo 119: 58, dice: "Tu presencia supliqué de todo corazón; ten misericordia de mí según tu palabra". En otras palabras, se nos dice que pidamos el favor de Dios. Pídale a Dios ese buen estacionamiento de en frente. Pídale a Dios esos buenos asientos. Pídale que le conceda favor en el trabajo. Pídale que le dé buenos negocios, que le aumente sus ingresos y se los haga rendir. Pídale y él responderá. Cuando le pedimos es necesario que esperemos que él nos favorecerá con personas claves que tendrán una favorable disposición hacia nosotros. La Biblia dice que Abraham no dudó de la promesa de Dios. Él no dudo de la cantidad de favor que Dios le había prometido. Tenemos que creer en la bondad del Señor y saturar con ella nuestra mente y corazón.

Piense en la experiencia de María y José. Cuando Jesús nació estaban en Belén pasando la noche en un establo porque no había lugar para ellos en el mesón. Cuando fueron al templo para presentar a Jesús por primera vez, no tenían los suficientes recursos materiales para presentar la ofrenda usual de un cordero. Ofrecieron la ofrenda de una persona pobre que consistía en "un par de tórtolas o dos pichones de paloma". María y José no eran ricos según los estándares del mundo, pero definitivamente el favor de Dios estaba sobre ellos y Dios proveyó. Miremos el relato de la visita de los magos, que encontramos en Mateo 2: 11: "Y al entrar en la casa, vieron al niño con su madre María, y postrándose, lo adoraron; y abriendo sus tesoros, le ofrecieron presentes: oro, incienso y mirra". Dios sabía que María y José tendrían que hacer un éxodo a Egipto con su niño, de modo que proveyó para la jornada que les esperaba.

Contrariamente a la creencia popular, Jesús no era pobre. ¿Cómo paga usted un equipo de colaboradores de doce personas, sus familias y el resto del equipo ministerial si es pobre? Él tenía todo lo que necesitaba. Tenía una tesorería. A menudo les dijo a sus discípulos que les dieran algo a los pobres. Cuando fue crucificado, los soldados romanos tomaron su vestido y echaron suertes para saber quién se quedaría con él porque era equivalente en valor a un moderno traje del famoso diseñador Armani. Jesús no vivió una vida ostentosa, pero ciertamente tenía más que suficiente para sus necesidades y las de sus amigos y seguidores.

El favor de Dios tiene ese efecto en su vida. Dios proveyó para el pueblo de Israel cuando salieron de Egipto tras 400 años de esclavitud. Él hizo que los egipcios estuvieran dispuestos favorablemente hacia ellos para que dejaran la esclavitud con las riquezas de Egipto en sus mochilas. Dios proveyó para Jesús, María y José, sabiendo que tendrían que viajar a Egipto en busca de refugio. De igual manera Dios lo bendice a usted en sus idas y venidas. Somos una generación que vive bajo un derramamiento del favor de Dios.

Génesis 39: 2-4 nos cuenta un poco de la historia de José: "Mas el Señor estaba con José, y fue varón próspero; y estaba en la casa de su amo el egipcio. Y vio su amo que el Señor estaba con él, y que todo lo que él hacía, el Señor lo hacía prosperar en su mano. Así halló José gracia en sus ojos, y le servía; y él le hizo mayordomo de su casa y entregó en su poder todo lo que tenía".

Cualquier cosa que José hacía prosperaba porque el Señor estaba con él. Cuando Dios está con usted, parece mejor de lo que realmente es. Su presencia es el gran igualador. Su favor es lo que hace que otros gusten de usted y le abran puertas de prosperidad.

Hay muchos paralelos proféticos entre la nación de Israel y el cuerpo de Cristo (la Iglesia). Vemos a Faraón como el anticristo. Vemos la tierra de Gosén como precursora del reino de Dios. A Egipto como el sistema mundial. Las plagas representan el poder de Dios que desciende para derribar fortalezas demoníacas que han gobernado la tierra por miles de años. Dios abrió el Mar Rojo para que los israelitas pasaran seguros, así como él derramó la sangre de su Hijo para que por ella tuviéramos la salvación. Y como la columna de nube y la columna de fuego guiaron a los israelitas hacia la tierra prometida, así mismo el Espíritu Santo provee hoy liderazgo en nuestra vida.

Y así como los Israelitas sufrieron esclavitud, a menudo nosotros, que vivimos bajo el favor de Dios, sufrimos adversidad. Considere estas palabras que se encuentran en Éxodo 1: 11: "Entonces pusieron sobre ellos comisarios de tributos que los molestasen con sus cargas; y edificaron para Faraón las ciudades de almacenaje, Pitón y Ramesés".

Los Israelitas fueron obligados a edificar ciudades de almacenamiento masivo para el Faraón. Estaban edificando la dinastía económica de su amo despiadado. Muchos de los hijos de Dios sienten en nuestros días como si fueran esclavos del sistema financiero mundial. Recientemente hablaba yo con un hombre de negocios quien me dijo: "Estoy cansado de ver que el mundo es más próspero que los hijos de Dios; que los opaca y los supera. La gente del mundo vuela en jets y nosotros vamos en auto". Jesús dijo que los hijos de este mundo son más sabios que los hijos de luz. Los hijos de este mundo suelen enfocar toda su atención y sus energías en prosperar materialmente. Como hijos de luz nosotros entendemos que hay algo más en la vida que solamente hacer dinero. Pero, ¿no deberíamos nosotros hacerlo mejor con el favor y la gracia de Dios?

Éxodo 1: 13, dice: "Y los egipcios hicieron servir a los hijos de Israel con dureza". Los egipcios fueron amos duros. Y como si eso no fuera suficiente, en medio de sus penalidades Faraón ordenó el asesinato masivo de todos los varones hebreos recién nacidos. Satanás no quiere que nazca una generación de libertadores de modo que procura detenernos a cada uno de nosotros así como trató de detener a Moisés en el Antiguo Testamento. Satanás quiere usar nuestras vidas para ejecutar su plan y empleará todas las estratagemas posibles para lograr ese fin. Pero no tendrá éxito. Mire lo que dice Éxodo 3: 19-21: "Mas yo sé que el rey de Egipto no os dejará ir sino por mano fuerte. Pero yo extenderé mi mano, y heriré a Egipto con todas mis maravillas que haré en él, y entonces os dejará ir. Y yo daré a este pueblo gracia (o favor) en los ojos de los egipcios, para que cuando salgáis, no vayáis con las manos vacías".

Cuando el favor se manifiesta, rompe la espalda del enemigo y los hijos de Dios no salen con las manos vacías; salen con abundancia. Proverbios 13: 22, dice: "El Bueno dejará herederos a los hijos de sus hijos; pero la riqueza del pecador está guardada para el justo". Mediante el favor de Dios comienza la transferencia de riqueza.

Capítulo Dieciocho

La honra atrae el favor

Es importante conocer por qué nos fue dado el favor. Usted puede tener la seguridad de que el propósito de Dios para su vida es siempre superior al dinero. Poco después de que Israel fuera liberado de Egipto Moisés fue a recibir dirección de parte de Dios. Pasó muchos días en el monte escuchándolo. En su ausencia el pueblo hizo un becerro de oro y comenzó a adorarlo como su dios. Eso era idolatría. La definición de idolatría es exaltar cualquier cosa por encima del Señor. Lo irónico es que mientras Moisés estaba en el monte, el primer mandamiento que el Señor le dio fue: "Yo soy el Señor tu Dios que te sacó de tierra de Egipto, de casa de servidumbre".

Es importante que nos demos cuenta que cuando no existe propósito se introduce la idolatría. No podemos permitir que el dinero sea nuestro Dios; debemos entender que el dinero es sencillamente el fruto del favor de Dios. Sin el favor de Dios, la medida de la bendición en nosotros no sería la misma. A veces unas personas envidian a otras por causa de su vivienda, o por el lugar donde trabajan, o por lo que tienen. Pero la verdad es que Dios le ha dado favor a usted para sus propias y singulares circunstancias personales. Sin ese favor usted no es la misma persona y su nivel de productividad disminuye grandemente.

Los israelitas hicieron un ídolo con su riqueza. Dios les dio riqueza con un propósito. No la dio para que pudieran ir de compras al centro comercial o a un restaurante de prestigio. Les

INNOVACIÓN

permitió saquear a los egipcios y salir de la esclavitud con gran riqueza (Éxodo 12: 35-36) porque quería que edificaran un lugar de adoración en el cual él pudiera venir y encontrarse con ellos. Los planes de Dios siempre han sido de comunión. Desea ser siempre el centro de nuestras vidas y de nuestras comunidades. Eclesiastés 5: 19 nos dice: "Asimismo, a todo hombre a quien Dios da riquezas y bienes, y le da también facultad para que coma de ellas, y tome su parte, y goce de su trabajo, esto es don de Dios".

Esta porción bíblica nos dice que Dios nos ha dado riquezas como un don. Nunca debemos engañarnos pensando que lo que tenemos es el resultado de nuestras propias obras. Es dado por él y es necesario que lo adoremos con las cosas con las cuales nos ha bendecido.

Deuteronomio 8: 18 dice: "Sino acuérdate del Señor tu Dios, porque él te da el poder para hacer las riquezas, a fin de confirmar su pacto que juró a tus padres, como en este día".

Debemos entender y reflejar este pacto en la manera en que vivimos, en el favor que Dios nos ha dado. El Señor les había dado riquezas a los israelitas para que pudieran cruzar y tomar posesión de la Tierra Prometida. De la misma manera Dios nos ha bendecido para que podamos realizar lo que él nos ha llamado a hacer y financiar un avivamiento sobre la tierra. Nuestras oraciones a Dios nunca deben ser acerca de cierto ingreso, más bien debemos pedirle al Señor una porción de su reino. Dios honrará esas oraciones.

Favor es el afecto de Dios hacia usted. El favor lo hace vivir bajo cielos abiertos para que pueda experimentar la creatividad del Señor y maniobrar a través de cada situación difícil que la

Capítulo Dieciocho

vida le enfrenta. El espíritu de innovación está vivo y bien porque vivimos con el favor al seguirlo obedientemente.

Para poder continuar viviendo en obediencia tenemos que aprender a vaciarnos de nosotros mismos, de cada pensamiento que no esté en armonía con la verdad de Dios. Considere este ejemplo de la iglesia naciente que encontramos en Hechos 2: 46-47: "Y perseverando unánimes cada día en el templo, y partiendo el pan en las casas, comían juntos con alegría y sencillez de corazón, alabando a Dios, y teniendo favor con todo el pueblo".

Note el orden aquí. El Señor les dio favor porque estaban alabando a Dios y viviendo en armonía. Su actitud de adoración y gratitud los hizo receptivos para recibir favor, lo cual hizo que viniera un aumento sobrenatural a su vida. La honra atrae el favor. Necesitamos el favor de Dios para realizar las cosas que nos han encomendado que hagamos en este planeta. El favor nos hace desafiar la "gravedad mundana" que constantemente nos hala para que no realicemos la voluntad de Dios.

En Deuteronomio 6: 1-3 Dios hace una exhortación a su pueblo: "Estos, pues, son los mandamientos, estatutos y decretos que el Señor vuestro Dios mandó que os enseñase, para que los pongáis por obra en la tierra a la cual pasáis vosotros para tomarla; para que temas al Señor tu Dios guardando todos sus estatutos y sus mandamientos que yo te mando, tú, tu hijo, y el hijo de tu hijo, todos los días de tu vida, para que tus días sean prolongados. Oye, pues, oh Israel, y cuida de ponerlos por obra, para que te vaya bien en la tierra que fluye leche y miel, y os multipliquéis, como te ha dicho el Señor Dios de tus padres".

La posesión de la tierra que fluía leche y miel dependía de que el pueblo de Dios continuara honrándolo en ella. Dios les dijo que mientras obedecieran sus decretos y se mantuvieran dentro de los lineamientos de su palabra, disfrutarían su favor. Si no lo hacían, no lo recibirían. En química un pequeño cambio en la composición de una sustancia puede producir en ella un cambio drástico. Por ejemplo, usted sabe que el agua está compuesta por dos átomos de hidrógeno y uno de oxígeno (H_2O). Pero si agregamos un átomo más de oxígeno, entonces tenemos H_2O_2, o peróxido de hidrógeno lo cual es un compuesto de una diferencia enorme. Una pequeña desviación lo cambia todo. Eso es lo que Dios le estaba diciendo a su pueblo. Si permanecían dentro de los parámetros establecidos, experimentarían su favor. Pero un paso fuera de esos parámetros, y su experiencia sería enormemente diferente. Isaías 1: 19 declara: "Si quisiereis y oyereis, comeréis el bien de la tierra".

Para entender el principio de que la honra provoca favor, primero debemos entender que nuestras acciones determinan la reacción divina que experimentamos.

Considere el ejemplo de Jabes que encontramos en 1 Crónicas 4: 9-10: "Y Jabes fue más ilustre que sus hermanos, al cual su madre llamó Jabes, diciendo: Por cuanto lo di a luz en dolor. E invocó Jabes al Dios de Israel, diciendo: ¡Oh, si me dieras bendición, y ensancharas mi territorio, y si tu mano estuviera conmigo, y me libraras del mal, para que no me dañe! Y le otorgó Dios lo que le pidió".

Jabes estaba en capacidad de pedir algo más grande que su realidad presente porque honraba a Dios. Este hombre sufrió mucha oposición en la vida. Aun su propia madre no vio algo bueno en él y decidió llamarlo "Dolor". Pero el favor de Dios rompió la espina dorsal de la oposición, y el favor divino hará lo mismo por nosotros.

Capítulo Dieciocho

Otra verdad es que a medida que somos fieles con el favor que se nos ha otorgado, tendremos más favor. Tenemos que ser buenos mayordomos o administradores. La Biblia nos dice que si no podemos ser fieles en lo poco, ¿cómo podemos pensar que Dios nos confiará más? Debemos ser fieles con el favor que Dios nos ha dado. Proverbios 3: 9-10 nos enseña: "Honra al Señor con tus bienes, y con las primicias de todos tus frutos; y serán llenos tus graneros con abundancia, y tus lagares rebosarán de mosto".

En 2 Reyes 13: 18 -19 vemos una historia interesante que arroja luz en otro aspecto del Espíritu de innovación de Dios que nos trae liberación. Eliseo el profeta estaba a punto de morir cuando fue visitado por Joás el rey de Israel. Dios le dio al profeta un mensaje para el rey, lo que propició esta interacción: Y le volvió a decir: Toma las saetas. Y luego que el rey de Israel las hubo tomado, le dijo: Golpea la tierra. Y él la golpeó tres veces, y se detuvo. Entonces el varón de Dios, enojado contra él, le dijo: Al dar cinco o seis golpes, hubieras derrotado a Siria hasta no quedar ninguno; pero ahora sólo tres veces derrotarás a Siria".

El rey Joás no se dio cuenta de la ilimitada victoria que pudo haber tenido. Dios envió al profeta Eliseo para hacerle claridad en el asunto. Los visionarios afectan nuestro enfoque. Dios pone visionarios en nuestro camino para hacernos conscientes del gran potencial que hay en nosotros. Dios nunca recompensa a un espíritu conservador sino que extiende su favor al que piensa en grande. Si Joás hubiera pensado con mayor amplitud, podía haber destruido a sus enemigos de una vez por todas. Pero por su limitada ambición se condenó a sí mismo a luchar. ¿Cuántas veces nos quedamos cortos en cuanto al plan de Dios en nuestra vida porque en nuestras visiones lo visualizamos pequeño?

INNOVACIÓN

Si usted va a ser una persona con mentalidad de reino, tendrá que desechar su limitada manera de pensar, y soñar en grande. Una traducción de la palabra griega *Karisse* es causar encuentro, y una de las cosas que el favor hace en nuestra vida es hacer que encontremos el potencial oculto que yace en nuestro interior. El favor de Dios saca a la luz hechos de los que previamente no sabíamos nada, instrucciones divinas y tareas que nos hacen progresar para ser la clase de personas que quiere que seamos.

Colosenses 1: 9 dice: "Por lo cual también nosotros, desde el día que lo oímos, no cesamos de orar por vosotros, y de pedir que seáis llenos del conocimiento de su voluntad en toda sabiduría e inteligencia espiritual". Yo le pido a Dios que usted adquiera nueva conciencia de las cosas que Dios ha derramado sobre su vida. Sus misericordias son nuevas cada mañana y su pacto de amor nunca falla. Mientras mayor conocimiento de su amor y su favor recibamos, más eficaces seremos en su reino. El rey Joás limitó el alcance de su victoria porque su conocimiento de Dios era demasiado pequeño. Crezcamos en conocimiento de Dios y honrémoslo por todo lo que nos ha mostrado, para que experimentemos un mayor favor. La honra provoca favor.

Santiago 4: 5-6 NVI, nos dice: "¿O creen que la Escritura dice en vano que Dios ama celosamente al Espíritu que hizo morar en nosotros? Pero él nos da mayor ayuda con su gracia. Por eso dice la Escritura: Dios resiste a los orgullosos, pero da gracia a los humildes".

La humildad nos abre la puerta para recibir favor. El orgullo nos aleja de la presencia de Dios pero la humildad nos inyecta favor. Llegamos ante la presencia del Señor mediante la adoración y la honra que le damos. Reverenciamos a los que tienen autoridad sobre nosotros. Al mostrar nuestra deferencia hacia Dios mediante la adoración, él nos honra con su favor.

En la película *Chariots of Fire* [Carros de Fuego], el personaje Eric Lidell rehusó correr la carrera de los 100 metros porque se realizaba en domingo. Él estaba honrando el día del Señor. Sin embargo corrió la de los 400 metros porque se realizó el martes e impuso en ella un record mundial. El Señor le habló una vez a Benny Hinn en cuanto a que necesitaba obtener el favor del arzobispo, antes de hablar en un determinado país. Hinn obedeció y siguiendo la dirección de Dios buscó el favor de su superior y el Señor abrió el país para un ministerio fructífero. Miles de personas llegaron a Cristo.

En el libro de los Jueces 6:2-4, vemos la situación apremiante de Israel bajo la opresión de los madianitas: "Y la mano de Madián prevaleció contra Israel. Y los hijos de Israel, por causa de los madianitas, se hicieron cuevas en los montes, y cavernas, y lugares fortificados. Pues sucedía que cuando Israel había sembrado, subían los madianitas y amalecitas y los hijos del oriente contra ellos; subían y los atacaban. Y acampando contra ellos destruían los frutos de la tierra, hasta llegar a Gaza; y no dejaban qué comer en Israel; ni ovejas, ni bueyes, ni asnos". Los madianitas estaban destruyendo la cosecha que el Señor tenía para su pueblo. Gracias a Dios que ese no fue el final de la historia. Israel clamó a Dios y él les envió a un libertador: Gedeón. Quizás él no fue la elección obvia como libertador, pero fue el hombre de Dios para ese momento. Cuando el ángel se le apareció la primera vez, Gedeón se estaba escondiendo de los madianitas, trillando su trigo en un lagar. Cuando el ángel le dijo que él sería la respuesta al clamor de los israelitas por liberación, al principio reaccionó con temor. Pero, ¿qué lo vemos haciendo? En Jueces 6: 19 vemos que honró al ángel con un presente. El ritual de honra anuló su turbación. La Biblia dice en el versículo 24 que el lugar donde el ángel se encontró con Gedeón fue conocido posteriormente como Jehová Shalom. Llegó a ser un lugar de paz. Dios puede transformar un lugar de pobreza y turbación en un lugar de paz cuando elegimos honrar al Señor a través de nuestras ofrendas, nuestra adoración y nuestros corazones humildes.

Inicialmente Gedeón tuvo gran temor. La palabra "temor" se deriva del vocablo griego *phobos* que significa intimidación ante las adversidades. Nunca se olvide que temor tolerado es fe contaminada. Dios tuvo que darle a Gedeón una revelación de que él era un hombre poderoso y de valor. A la luz del favor de Dios, eso es lo que él era, y necesitaba verse a sí mismo a la luz del favor divino si es que había de levantarse y ser un conquistador. Honrar al ángel le ayudó a ver lo que podía ser con el favor del Señor. Cuando el enemigo trata de robar su cosecha y destruir las cosas por las cuales usted ha trabajado, la honra hace que se levante alto otra vez.

El gran escritor Nathaniel Hawthorne regresó a casa un día destrozado porque había perdido su empleo. La actitud de su esposa ante la noticia de que había perdido su única fuente de ingresos fue increíble. Sencillamente dijo:

"Ahora puedes escribir el libro que tanto has deseado escribir".

"¿Y de qué vamos a vivir?" –fue la obvia pregunta de Hawthorne.

Su esposa sacó una gran suma de dinero que había estado ahorrando, y honró a su esposo cuando le dijo:

"Yo siempre supe que tú eres un genio y que un día escribirás una obra maestra".

Capítulo Dieciocho

Hawthorne empezó a escribir, y hoy casi todas las bibliotecas en los Estados Unidos tienen en sus estantes una copia de su obra *The Scarlet Letter* [La Letra Escarlata].

Cuando damos honra esa acción produce grandeza. Produce innovación. Produce la creatividad necesaria para hacer lo que se nos ha asignado hacer en la tierra. Si su arroyo se ha secado, provoque el nacimiento de un nuevo manantial. Actúe con honor. Invoque el favor de Dios. Ponga en acción la creatividad divina. Viva en una dimensión innovadora mediante su poder.

BILL & ANNE

El doctor Bill More posee doctorados en Teología y en Filosofía de la Educación Cristiana, y ha estado activo en el ministerio evangelístico y pastoral desde 1981. En 1985 se casó con su esposa Anne quien posee un Máster en Educación lo mismo que un doctorado en Ministerio, y han unido fuerzas en el trabajo ministerial. Bill y Anne tienen un singular estilo ministerial que inspira y anima a vivir de una manera sobrenatural.

Después de plantar varias iglesias y de realizar extensa obra ministerial, fundaron la Iglesia Livingway Family, una creciente iglesia multicultural en Brownsville, Texas, en la cual han servido como pastores desde entonces. Bill y Anne tienen tres hijos: Christopher, Marcos y Ryan, cuyas familias incluyen a la esposa Jacquelyn y a su hijo Harper. Bill y Anne también han escrito tres libros: *Show Us the Father*, *Discover Your Assignment* [Muéstranos al Padre, Descubra su Misión], y *Fearonomics*. Además de pastorear, los esposos Moore viajan a diversos países enfatizando el equipamiento de líderes y pastores para que alcancen tanto a sus comunidades como al mundo.

ORACIÓN PARA OBTENER LA SALVACIÓN

Dios lo ama a usted sin importar quién es, ni lo que haya sido su pasado. Dios lo ama tanto que dio a su Hijo unigénito por usted. La Biblia nos dice que *"el que cree en él, no se pierde sino que tendrá vida eterna".* Jesús puso su vida y resucitó para que nosotros podamos pasar la eternidad con él en los cielos y experimentar lo mejor de él en esta tierra. Si quiere recibir a Jesús en su vida, repita en voz alta esta oración y hágalo de todo corazón.

Padre celestial, vengo a ti admitiendo que soy pecador. En este momento decido apartarme de mis pecados, y te pido que me limpies de toda injusticia. Creo que tu Hijo Jesús murió en la cruz para limpiar mis pecados. También creo que él resucitó de entre los muertos para que mis pecados fueran perdonados y yo fuera justificado mediante la fe en él. Invoco el nombre de Jesucristo para que sea el Salvador y el Señor de mi vida. Jesús, decido seguirte y te pido que me llenes con el poder del Espíritu Santo. Declaro en este momento que soy un hijo de Dios. Soy libre de pecado y lleno de la justicia de Dios. Soy salvo en el nombre de Jesús. Amén.

Si usted hizo esta oración para recibir a Cristo como Salvador por primera vez, por favor contáctenos en Internet en la página www.harrisonhouse.com y le enviaremos un libro gratis. O también puede escribirnos a:

Harrison House Publishers
P.O. Box 35035
Tulsa Oklahoma 74153

www.ingramcontent.com/pod-product-compliance
Lightning Source LLC
Chambersburg PA
CBHW060534100426
42743CB00009B/1528